Aus dem Brunnen schöpfen

Andachten für jeden Tag

Tilo Linthe

Impressum

Jahr: 2021
ISBN: 9789403623825

Verlagsportal: meinbestseller.de
Gedruckt in Deutschland

Inhaltsverzeichnis

Vorwort

Diese Andachten sind über einen Zeitraum von etwa 12 Jahren entstanden. Sie waren ursprünglich für Zeitungen, Zeitschriften und Gemeindebriefe gedacht. Sie wollen eine Brücke bauen zwischen biblischen Versen und dem täglichen Leben der Leser. Manchmal ist der Bezug zu aktuellen Tagesereignissen nicht zu übersehen.

Ziel ist immer, die praktische und alltagsnahe Liebe Gottes deutlich zu machen, die sich im Leben des Mannes aus Nazareth immer wieder zeigte. Wenn man die kurzen Andachten als Impulse z.B. vor dem Frühstück oder Schlafengehen liest, mögen sie als Quelle der Hoffnung dienen in einer Welt, die nicht immer nur hoffnungsvoll ist. Ich wünsche dem Leser, dass der Titel des Buches in Erfüllung geht – dass das Lesen dieser Worte wie ein Schöpfen lebendigen Wassers für die Seele ist und Ihren brennenden Durst nach Leben, Liebe und Sinn löscht.

In diesem Sinne: Schöpfen Sie!

Wegweiser fürs Leben

Manchmal dauert es eine Weile bis wir bemerken, wenn etwas Neues beginnt. Z.B. wenn der erste Schnee fällt im Winter. Sachte und fast unhörbar leise fallen die Schneeflocken und legen einen weißen Teppich über die Erde. Wir machen die Tür auf und halten inne: Der neue Schnee liegt unberührt und ohne Spuren da. Ein bisschen zurückhaltend gehen wir die ersten Schritte, hinterlassen die ersten Spuren auf der sonst unberührten Fläche. Wir hören das Knarzen unter unseren Schuhen. Irgendwann ist dieser Zauber des Anfangs verflogen und wir gehen zur Tagesordnung über.

So ist es immer, wenn wir etwas Neues beginnen. Etwas zaghaft und zurückhaltend gehen wir in dieses für uns noch Unberührte. Was wird es wohl bringen an Freude und Trauer, Lust und Schmerz? Manche gehen mit Vorfreude, andere mit Sorgenfalten in das Unbekannte hinein.

Da kommt schon mal der Gedanke auf: Wegweiser müsste man haben, die einem den richtigen Weg zeigen.

Manche kommen ins Schwelgen: Wenn man den Schildern folgt, dann erwartet uns nur Glückseligkeit und Freude.

Irgendwann wacht man aus dem Tagtraum wieder auf. Solche Wegweiser gibt es leider nicht. Da helfen auch keine Horoskope oder Wahrsager, die uns die Zukunft voraussagen wollen. Wir sind frei, uns zu entscheiden. Das ist gleichzeitig Segen und Fluch. Ein Segen, weil niemand uns Vorschriften macht. Ein Fluch, weil wir bei jeder Entscheidung tausend andere Möglichkeiten ausschließen.

Von jeher haben sich die Menschen mit derlei Fragen beschäftigt. Die Israeliten haben vor 2500 Jahren erkannt, dass es keine Wegweiser gibt, aber die Gewissheit, dass unser Leben eine Richtung hat und ein Ziel:

Weise mir, Herr, deinen Weg; ich will ihn gehen in Treue zu dir.
Psalm 86,11a

So wie in frischen Schnee, müssen wir jeden Schritt in unser Leben hinein ohne Wegweiser gehen. Aber wir gehen ihn nicht allein, sondern mit Gott an unserer Seite. Also können wir Gott treu bleiben, d.h. uns an ihm festhalten, weil er der einzige sichere Halt in unserem Leben ist. Oder in der Sprache der Bibel: Treu sein, heißt Gott lieben von ganzem Herzen, von ganzer Seele und von ganzem Gemüt.

Was immer die Zukunft bringen wird – Gott ist schon dort und erwartet Sie. Er begleitet Sie über die weiten Ebenen und durch enge Schluchten, wenn des Tages die Sonne warm auf Sie herabscheint oder die Kälte der Nacht Sie frösteln lässt. Er ist an Ihrer Seite. In dieser Gewissheit dürfen wir trotz aller Umwege sagen: Am Ende wird es gut, weil Gott es gut machen wird.

Gehorsam

Matthias tritt in die Pedalen. Der Schweiß steht ihm auf der Stirn genauso wie die Anstrengung. Er ist spät dran. Wie immer. Unter dem Vordach der Göttinger Deutschen Bank stellt er sein Fahrrad ab und schließt es an. Wie immer. Matthias hebt den Kopf. Das Schild: „Fahrräder abstellen verboten!" prangt ihm entgegen. Auch wie immer. Trotzdem ist alles anders als sonst: Ein Mann in Uniform tritt auf ihn zu. Auf der Jacke steht Ordnungsamt. Sein Gesicht sieht zusammengekniffen aus, als hätte er gerade in eine Zitrone gebissen. „Haben Sie das Schild nicht gelesen?"

Genauso einfallslos fragt Matthias zurück: „Welches Schild?"

Eine ältere Dame geht vorbei und schüttelt mit vorwurfsvollem Blick den Kopf, als wäre Matthias ein Fahrrad-Terrorist, der ins Gefängnis gehört.

Herr Meier, sein Name steht auf der Jacke, zückt Zettel und Stift. „Sie haben Ihr Fahrrad widerrechtlich hier abgestellt. Was haben Sie dazu zu sagen?"

„Eigentlich nicht viel. Nur, dass es nicht stört, wenn ich es hier abstelle."

Herr Meier schaut von seinem Zettel auf. Hat er Zitronen in seiner Tasche, in die er heimlich hinein beißt? Seine Miene sieht jedenfalls noch verkniffener aus, als vorher. Er antwortet: „Ich gehorche dem Gesetz und das sagt, dass Sie ihr Fahrrad hier nicht abstellen dürfen." In Schönschrift schreibt er auf: ‚Ordnungswidrigkeit: Widerrechtlich abgestelltes Fahrrad. Bußgeld: 20,- Euro.'

Matthias stellt verwundert fest, dass Herr Meier vom Ordnungsamt lächeln kann. Er überreicht ihm den Zettel. „Einen schönen Tag noch." Herr Meier marschiert davon, sichtlich zufrieden mit seiner Arbeit. Er merkt nicht, dass Matthias sein Fahrrad einfach stehen lässt und in eine Seitenstraße hetzt. Er ist schließlich spät dran. Vielleicht hat er dabei an folgenden Vers gedacht:

Man muss Gott mehr gehorchen als den Menschen.
Apostelgeschichte 5,29

Dieser Satz ist kontrovers. Man kann ihn missbrauchen, um die eigene Meinung durchzusetzen. Man kann mit ihm zivilen Ungehorsam und Eigeninitiative begründen. Wer entscheidet, was von beidem vorliegt?

Der Kontext dieses Verses hilft: Petrus und seine Mitstreiter stehen vor der Jerusalemer Verwaltung und müssen sich rechtfertigen. Die Verwaltung sagt: ‚Ihr bringt Unruhe in die Stadt. Lasst das.'

Petrus antwortet mit unserem Vers. Er kann den Menschen nicht einfach die gute Botschaft vorenthalten. Sie sollen so wie er von Gottes Liebe erfahren. Sie sollen ihr Leben in den Griff bekommen. Das hat Vorrang vor allem menschlichen Gebot, das oft genug Leben zerstört und Hoffnungslosigkeit zementiert.

Wie entscheide ich, ob es gerade dran ist, Menschen zu gehorchen oder Gott? Der preußische Kaiser, der „Alte Fritz" hat einmal gesagt: „Ich habe Sie zum Stabsoffizier gemacht, damit Sie wissen, wann Sie nicht gehorchen sollen." Hier ist unsere Aufmerksamkeit gefragt. Wenn etwas dem Gebot der Liebe widerspricht, dürfte eigentlich keiner gehorchen.

Ich wünsche Ihnen den Mut, das zu tun, was dem Leben dient und den Menschen.

Unnützes Hin- und Herfahren

Max fährt mit seinem Motorrad in der Altstadt hin und her. In den engen Gassen macht es besonders Spaß. Bremsen, in die Kurve legen und wieder beschleunigen. Er genießt die entrüsteten Blicke, wenn er den Motor aufheulen lässt.

Dabei wäre der 18jährige einmal beinahe unter die Räder gekommen. Buchstäblich. Er hatte einen BMW X6 übersehen. Das geländegängige Fahrzeug bog um die Ecke und füllte die enge Gasse komplett aus. Kein Vorbeikommen rechts oder links. Max musste eine Vollbremsung machen. Das Motorrad kippte zur Seite und krachte in eine nahe Hauswand. Er selbst rutschte ein paar Meter über die Straße und wurde unsanft von einem Gartentisch vor einem Café gestoppt. Zum Glück nur ein paar Prellungen, keine Knochenbrüche. Der Fahrer des Geländewagens hatte es nicht einmal bemerkt.

Trotzdem ist er heute wieder unterwegs in der Altstadt. Seine Maschine schallt durch das ganze Dorf, als er ein Geräusch hört, das ihn wie ein Blitz trifft. Ein Martinshorn heult hinter ihm auf. Blaulicht zuckt über die Hauswände.

Max hält an und dreht sich um: Die Polizei. Nach dem ersten Schock beruhigt er sich wieder. Er hat ja nichts gemacht, wofür sie ihn drankriegen könnten. Nachdem er seine Papiere gezeigt hat, holt der Polizist Zettel und Stift heraus. Barsch sagt er: „Unnützes Hin- und Herfahren innerhalb von geschlossenen Ortschaften. Das ist eine Ordnungswidrigkeit, junger Mann.“

Max guckt verblüfft: „Das gibt es wirklich?“

„Selbstverständlich. Noch nie was von Umweltgesetzen gehört, was? Außerdem: Unnötige Lärm- und Abgasbelästigung. Mal sehen. Zusammen ergibt das ein Bußgeld von 30,- Euro.“ Der Polizist gibt ihm den Bußgeldbescheid und verabschiedet sich höflich.

Max starrt immer noch verblüfft dem Polizeiauto hinterher. Wofür man in Deutschland alles zur Kasse gebeten werden kann …

Diese Geschichte zeigt, was heute unter Buße verstanden wird: Strafe für etwas das man falsch gemacht hat. So hat man lange Zeit auch biblische Aussagen verstanden, wie folgenden Satz aus der Bibel:

Es wird Freude sein vor den Engeln Gottes über einen Sünder, der Buße tut.
Lukas 15,10

Zimmer nicht aufgeräumt: Einen Rosenkranz beten. Eine Fensterscheibe eingeschlagen: Fünf Rosenkränze beten. Das zeigt ein stark verkürztes Verständnis von Sünde: Sünder sind diejenigen, die Fehler machen und sich auch noch dabei erwischen lassen. Das Christentum wird reduziert auf Ethik, auf richtiges und falsches Handeln.

Was gemeint ist, wird im Zusammenhang klarer: Dieser Vers ist der Schluss eines Gleichnisses. Die Hausfrau fegt so lange das Haus, bis sie ihren verlorenen Groschen wiedergefunden hat. Sünder sind, um im Bilde zu bleiben, Menschen die „verloren gegangen" sind. Menschen, die abseits stehen und nicht mehr gesehen werden. Menschen, die verzweifelt sind, weil sie den Anschluss an die Mitmenschen verloren haben. Gott tut alles, um sie wieder zurückzuholen.

Buße bedeutet, sich von Gott finden und sagen zu lassen, dass nicht das Versagen zählt, sondern die Rückkehr in seine Obhut. Sie brauchen nicht mehr verzweifelt zu sein. Sie können wieder in den Spiegel schauen. Sie sind ein Gefundener. Das nennt die Bibel Gnade.

In der Gemeinschaft mit Gott lebt man nicht mehr abseits. Wenn das passiert, so formulierte ein Freund einmal, dann feiern die Engel im Himmel ein Fest. Oder mit den Worten des Mannes aus Nazareth: Dann ist große Freude bei den Engeln im Himmel.

Im Graben gelandet

Matthias steht auf der verlassenen Straße und schaut sich hilfesuchend um. Niemand weit und breit zu sehen. Verzweifelt blickt er auf sein Auto. Ein unachtsamer Moment und da war es passiert: In einer Kurve ist er von der Fahrbahn abgekommen und im Graben gelandet. Zum Glück ist ihm nichts passiert. Auch das Auto sieht unbeschädigt aus. Leider kommt er allein nicht mehr heraus.

Da hört er plötzlich ein Geräusch. In der Ferne kommt ein Traktor angetuckert. Matthias winkt, der Traktor hält an. Der Bauer steigt gemächlich aus und betrachtet die Szene, die schwieligen Hände in die Hüften gestemmt. Er wiegt nachdenklich den Kopf. Schließlich holt er stumm und gemächlich ein Seil aus der Fahrerkabine und befestigt es am Wagen. Vorsichtig zieht er mit dem Traktor das havarierte Fahrzeug aus dem Graben.

„Sie schickt der Himmel!“, sagt Matthias dankbar, als sein Wagen wieder auf der Straße steht.

„Das passiert hier öfter“, erwidert der Mann nur. Jetzt lächelt er das erste Mal. Er hat eine beruhigende Ausstrahlung auf Matthias. Wahrscheinlich, weil er Bauer ist: „Fahren Sie vorsichtig!“

Matthias bedankt sich und fährt weiter. Zu Hause erzählt er seiner Frau, was passiert ist. Am Ende seiner Geschichte fragt ihn seine Frau: „Wer war es, der dir geholfen hat?“ Matthias überlegt kurz. Dann hellt sich seine Miene auf: „Gott hat mir geholfen.“

Im übertragenen Sinne landet jeder von uns mal im Graben. Selbst Paulus. Im Rückblick auf seine lange Missionstätigkeit stellt er fest:

Gottes Hilfe habe ich erfahren bis zum heutigen Tag und stehe nun hier und bin sein Zeuge bei Groß und Klein.
Apostelgeschichte 26,22

Schön, wenn man eine solche Bilanz ziehen kann im Rückblick auf sein Leben. Solange man auf dem Asphalt seines Lebens unterwegs ist, schafft man vieles allein. Da kann man der Illusion erliegen, die eigenen Kräfte seien unbegrenzt. Man verleugnet, dass man dann und wann auf andere Menschen angewiesen ist. Wenn man im Graben landet, platzt diese Illusion. Man kann nicht alles im Leben allein meistern. Dann ist es schön, wenn es Menschen gibt, die helfen.

Paulus sagt diese Worte in einem Verhör als Gefangener. Sein Leben ist bedroht. Trotzdem zieht er dieses Fazit. Er wurde immer wieder verfolgt, gefangen gesetzt, gefoltert, sogar mehrfach gesteinigt. Dennoch kann er sagen: „Unter dem Strich habe ich die Hilfe Gottes immer wieder erfahren bis zum heutigen Tag."

Wenn wir unser eigenes Leben absuchen, finden wir ähnliche Momente, in denen wir verzweifelt waren und uns Hilfe zuteil wurde. Oft auf sehr alltägliche Weise. Jemand hat zur richtigen Zeit ein Wort für uns, das Wege eröffnet, die wir bis dahin nicht gesehen haben. Dann und wann braucht jeder einen Bauer, der uns mit seinem Traktor aus dem Graben zieht. Kleine und große Ereignisse der Hilfe, die Gott uns durch andere Menschen schenkt. Zu beglückwünschen sind die Menschen, die diese Augenblicke in ihrem Leben sehen und wertschätzen können. Sie verweigern ihre Hilfe nicht, wenn sie andere im Graben landen sehen.

Vielleicht stehen Sie im übertragenen Sinne gerade am Straßenrand und blicken sich hilfesuchend um. Wer weiß? Vielleicht ist die Hilfe schon unterwegs und biegt im nächsten Moment um die Ecke.

Katastrophe

Es ist eine Katastrophe. Nathanael sitzt auf einem Stein und blickt auf zu fremden Sternen. Sie erinnern ihn daran, dass er hier nicht zu Hause ist. Wie das löchrige Zelt, das den Namen gar nicht verdient. Hier haben er und seine Familie notdürftige Herberge gefunden. Der Aufbruch geschah hastig und überstürzt. Er hatte kaum Zeit, das Nötigste mitzunehmen.

Nathanael seufzt. Es ist noch gar nicht lange her, da er nach Jerusalem gepilgert ist. Unbeschreiblich war das Gefühl, als er den staubigen Hügel erklomm auf dem steilen Weg und endlich die Stadt auftauchen sah, in der der Ewige residiert. Hier wohnt Gott. Hier bin ich ihm ganz nahe.

Nun sitzt er hier auf dem Stein, der so weit weg ist von dem Wohnort Gottes, wie man nur sein kann. Die Soldaten Babylons haben keinen Stein auf dem andern gelassen. Der Tempel ist zerstört. Er und das Volk verschleppt unter fremde Sterne und fremde Götter. Selbst Gott sind sie fremd. Wie soll es weitergehen ohne ihn?

Da hört er eine Stimme und Nathanael blickt auf. Plötzlich keimt Hoffnung auf. Ein Mann sammelt die niedergeschlagenen Menschen um sich. Er hat eine Botschaft der Hoffnung. Durch seinen Mund spricht Gott selbst zu Israel.

Ich will unter ihnen wohnen und will ihr Gott sein und sie sollen mein Volk sein

Hesekiel 37,27

Der Prophet Hesekiel entwirft einen gewaltigen Bauplan für einen neuen Tempel, größer und prächtiger als zuvor. Ein lebendiger Wasserstrom wird aus seiner Mitte fließen und das dürre Land in einen Garten verwandeln. Die Botschaft ist klar: Israel hat eine Zukunft, auch wenn es düster aussieht.

Tatsächlich ist später ein neuer Tempel gebaut worden, aber an die Größe aus der Vision des Propheten reichte er nicht heran. Auch das strömende Wasser aus dem Heiligtum gab es nicht. Trotzdem hat sich die Vorhersage des Propheten erfüllt. Die Deportierten schöpften Hoffnung auf eine Zukunft. Eine Zukunft mit Gott, der auch unter fremden Sternen über sie wacht.

Am radikalsten hat das Neue Testament diese Vision gedeutet. Gott wohnt nicht in Tempeln. Er wohnt bei den Menschen und begleitet sie in ihrem Alltag. Wir müssen nicht auf steilen und staubigen Straßen zu ihm pilgern, sondern er ist da, mitten unter uns.

Petrus hat als erster die ganze Tragweite erkannt, als er sich vor dem Mann aus Nazareth auf den Boden warf und ihn den

Messias, den Sohn Gottes nannte. Gott wohnt nicht in Tempeln fernab vom Trubel der Welt, sondern mittendrin. Dort wo gehofft, enttäuscht und neu gehofft wird. Der Mann aus Nazareth ist der Strom lebendigen Wassers im Heiligtum, aus dem wir schöpfen können.

Am schönsten hat Johannes in der Offenbarung die Vision Hesekiels aufgegriffen. Einmal wird es eine Stadt des Friedens geben, einen Platz für alle Völker. Da wird nicht mehr gestritten. Da wird gelobt, denn Gott wird einfach da sein, mitten unter ihnen.

Schöpfen Sie aus diesem Bild. Schöpfen Sie aus dem Strom des Lebens.

Zu spät

Finn rennt die Treppen hoch, zwei Stufen auf einmal nehmend. Er ist viel zu spät, weil er seinen Bus verpasst hat. Schwer atmend steht er vor der Tür zu seinem Klassenraum. Die erste Stunde hat längst begonnen. *Ausgerechnet heute*, denkt er. Physik steht auf dem Stundenplan der 9b. Der Lehrer ist streng.

Zaghaft klopft Finn an der Tür. Nichts rührt sich. Hat er sich im Raum geirrt? Vorsichtshalber guckt er nochmal. Da steht es: Raum 406. Stimmt.

Finn klopft noch einmal, diesmal stärker. Endlich hört er den Lehrer rufen: „Herein!“

Alle Augen richten sich auf den Neuankömmling und Finn stutzt. Die Hälfte der Klasse fehlt. Da hört er schon seinen Physiklehrer sagen: „Setz dich, Finn. Offenbar streiken die Busfahrer heute. Deswegen fehlen einige noch.“

Dass der Bus ausgefallen sein könnte, daran hatte er gar nicht gedacht. Markus setzt sich erleichtert auf seinen Platz. Noch einmal gut gegangen. Er denkt an folgenden Satz aus der Bibel:

Und siehe, es sind Letzte, die werden die Ersten sein, und sind Erste, die werden die Letzten sein.

Lukas 13,30

Eine ähnlich alltägliche Situation wie die von Finn steht im Hintergrund dieser holprigen Worte: Am Abend werden die Türen und Tore der Stadt verschlossen. Niemand kommt mehr herein. Man muss anklopfen und hoffen, eingelassen zu werden. Wen der Torwächter nicht erkennt, muss den Rest der Nacht draußen bleiben und warten, bis sich die Tore am nächsten Morgen öffnen.

Auf den Glauben bezogen meint der Mann aus Nazareth, dass man aus eigener Kraft nicht ins Himmelreich gelangen kann. Man muss anklopfen und hoffen, eingelassen zu werden.

Fromme Juden meinten sich Zutritt zu Gottes Reich verschaffen zu können, indem sie besonders viel Gutes tun, die Gesetze einhalten und Almosen geben. Sie glaubten durch ihre gute Lebenssituation von Gott besonders gesegnet zu sein. Sie beanspruchten die Ehrenplätze für sich. Jesus sagt ihnen: Eure Rechnung geht nicht auf. Die Ehrenplätze bekommen diejenigen, an die man gar nicht denkt. Man kann sich zu Gottes Reich nicht Zutritt verschaffen, sondern nur anklopfen und auf die Gnade des Hausherrn hoffen, dass er uns einlässt.

Menschen lassen sich bis heute verleiten, Bedingungen an den Glaubenden zu stellen. Der Glaube allein zählt, aber du musst *richtig* glauben – auf meine Weise. Plötzlich gibt es Bedingungen. Wer entscheidet, was richtiger und falscher Glaube ist? Schnell verurteilt man Menschen, weil sie diese Bedingungen nicht erfüllen und stellt sie auf die hinteren Plätze. Aber genau da ist der Mann aus Nazareth. Bei denen, die auf den hinteren Bänken Platz nehmen müssen. Sie werden die ersten Plätze im Himmelreich bekommen.

Lassen wir uns neu inspirieren und stellen uns zu ihnen. Dann kommen wir auch dem Mann aus Nazareth nahe.

Erwischt!

Friedrich steht vor dem Süßigkeitenfach und will sich bedienen – wieder einmal. Die Ansage war klar: Keine Süßigkeiten ohne zu fragen! Er hat nicht gefragt und Papa erwischt den Fünfjährigen, wie er gerade zugreifen will.

Wie passt dazu folgender Satz aus der Bibel?

Wenn ihr nicht umkehrt und werdet wie die Kinder, so werdet ihr nicht ins Himmelreich kommen.
Matthäus 18,3

Man denkt an Naivität, Unwissenheit, Vertrauensseligkeit. Niemand würde auf den Gedanken kommen, unartig zu sein, zu nörgeln, zu quengeln und zu stören, um in das Himmelreich zu kommen. Man hat bei diesem Vers bestimmte den Kindern zugeschriebene Eigenschaften vor Augen, andere blendet man aus. So soll man „einfach" glauben ohne groß nachzudenken, naiv und unwissend. Wie ein Kind eben.

Aber Kinder sind weder naiv noch unwissend. Sie sind neugierig und lernen in den ersten Lebensjahren so viel, wie ihr ganzes Leben nicht mehr. Dieser Satz eignet sich nicht, um eine Naivität der Frömmigkeit zu begründen. „Einfach glauben" - das passt nicht zu Kindern.

Was meint Jesus dann mit diesem Vergleich? Kinder wurden zu Lebzeiten Jesu als „unfertige Erwachsene" betrachtet. Sie können noch nicht voll mitarbeiten, also sind sie noch keine vollwertigen Menschen. Schon wegen ihrer körperlichen Unterlegenheit sind sie den Erwachsenen hilflos ausgeliefert. Sie sind in jeder Beziehung abhängig. Sie können sich nicht selbst versorgen. Sie sind machtlos und genau so wurden sie behandelt.

Heute gehen wir zum Glück anders mit unseren Kindern um. Die Machtverhältnisse sind aber noch die gleichen: Kinder sind in jeder Beziehung abhängig und können sich nicht wehren. Deshalb gilt ihnen der besondere Schutz der Gesellschaft.

Auf diese Tatsache will Jesus hinaus: Menschen stehen Gott gegenüber in einer ähnlichen Beziehung wie Kinder den Erwachsenen. Wir sind von Gottes Fürsorge abhängig. Jeden Tag. Stellen Sie sich vor, ihre Atmung setzte für ein paar Minuten aus, dann wäre Ihr Leben ganz schnell vorbei. Wenn man sich das bewusst macht, relativieren sich manche Ziele im Leben. Macht, Erfolg, Ansehen – alles zu hoch bewertet. Vertrauen ist viel wichtiger. Vertrauen darauf, dass Gott uns versorgt. So wie unsere Kinder ganz selbstverständlich erwarten, von ihren Eltern versorgt zu werden. Das ist die „Eintrittskarte" ins Himmelreich.

Dieser alternative Lebensansatz ist heute wichtiger denn je. Er bildet einen Gegenentwurf zu einer Gesellschaft, die überall Preisschilder ranklebt. Sogar an den Menschen, der seine Haut so teuer wie möglich verkaufen soll. Qualität kommt ins Leben, wenn wir uns unserer Abhängigkeit von Gott bewusst werden. Dann kommt man dem Himmelreich näher.

Reich wie Krösus

Dieser Mann war reich wie Krösus. Reicher als alle anderen. Luxus pur. Eine Besonderheit: Er glaubt an Gott. Na ja, denkt man da. Wenn man keine Probleme im Leben hat, ist es leicht an Gott zu glauben. Prompt kommt der Absturz: Die Tiere wurden gestohlen, die Knechte erschlagen, das Haus im Sturm fortgerissen. Die Boten schlechter Nachrichten geben sich die Klinke in die Hand. Eine Hiobsbotschaft jagt die nächste. Am Ende sitzt Hiob krank und von Geschwüren übersät im Aschehaufen seines Lebens. Von ganz oben ganz nach unten. Seine Frau rät ihm, endlich abzuschwören von diesem Gott, der solche Katastrophen zulässt. Die Antwort, die er ihr gibt:

Haben wir Gutes empfangen von Gott und sollten das Böse nicht auch annehmen?
Hiob 2,10

Für Hiob ist das kein philosophisches Problem, das er anschneidet, um Christen in Verlegenheit zu bringen. Er erfährt am eigenen Leib diese dunkle Seite, die das Leben auch hat. Jedem, der sich mit dem Glauben beschäftigt, stellt sich die Frage, wie man sie mit Gott in Verbindung bringt?

Kann es einen Gott geben, der Leid und Schmerz zulässt? Gibt es diese dunkle, nicht sichtbare Seite Gottes, die man nicht verstehen kann?

Hiob hält an Gott fest. Oder anders gesagt: er hält *sich* an Gott fest. Sein Glaube ist das einzige, was ihm noch bleibt. Er antwortet auf die katastrophale Wende mit einem Blick zurück. Sein Reichtum, sein Luxus, sein Ansehen – das kam ja auch von Gott. Das vergessen wir manchmal. Wenn wir krank werden, fragen wir uns: „Warum gerade ich? Womit habe ich das verdient?" Auf diese Fragen gibt es keine leichten Antworten.

Man könnte mit Hiob auch feststellen: „Mir ging es viele Jahre lang gut, und ich brauchte nie zum Arzt. Ich musste nie Hunger leiden, brauchte mir um meine Existenz keine Sorgen zu machen. Das war ein Geschenk Gottes."

Dennoch: Wenn uns die schlimme Wendung im Leben überrollt, fällt es schwer, den Blick auf das zu richten, was gut gewesen ist. Es gibt kein Rezept im Umgang mit Krisen. Es gibt nur Wege, sie mit Gott zusammenzubringen. So wie in unserem Vers. Trotz aller Ratlosigkeit, richtet Hiob seine Klage, seine Wut an Gott. Damit wird er zum Zeugnis für Gottvertrauen in dunklen Tälern, die wir durchwandern müssen. Das ist tröstlich zu wissen: Diese Täler durchwandern wir nicht allein, sondern in Begleitung.

Ich wünsche uns einen Glauben, der sich an Gott festhält – in allen Lebenslagen.

Lauf um dein Leben

Thomas rennt wie noch nie in seinem Leben. Die Angst kann man von seinen Gesichtszügen ablesen. Eine Horde Halbstarker ist hinter ihm her. Wenn die ihn erwischen, hat er nichts mehr zu lachen. Sein Fehler: Er wollte sein Essensgeld nicht hergeben. Er ist geflüchtet. Nun verfolgen sie ihn und die wütenden Schreie kommen immer näher. Thomas ist klein und pummelig. Deshalb ist er ständig Hänseleien ausgesetzt. *Dieses Mal nicht*, dachte er, als die Jungen auf ihn zukamen. *Dieses Mal setze ich mich zur Wehr.* Das Ergebnis ist ein heftig pochendes Herz und pumpende Lungen. Gleich haben sie ihn eingeholt. Gleich verprügeln sie ihn. Sein Essensgeld ist er dann auch los. Das hätte er leichter haben können.

Plötzlich blitzt Blaulicht auf. Das Martinshorn ertönt kurz. Thomas erschreckt, dreht sich um. Da ist er doch glatt an einem Polizeiauto vorbeigelaufen ohne es zu merken. Hinter ihm steigen die Polizisten aus und nehmen die Personalien seiner Verfolger auf. Die sind plötzlich ganz kleinlaut. Sie wissen, was kommt: Die Polizei wird sie nach Hause bringen. Die Eltern werden bestimmt ganz schön sauer sein. Thomas ist erleichtert. Er würde am liebsten folgenden Vers laut hinausschreien:

Meine Stärke und mein Lied ist der Herr, er ist für mich zum Retter geworden.
2. Mose 15,2

Der Herr ist für Thomas zum Retter geworden? So ganz stimmt das ja nicht. Die Polizei hat ihn gerettet. Was hat Gott damit zu tun? Um das zu verstehen, muss man etwas über den Hintergrund dieses Verses wissen. Er ist in einer Situation entstanden, wie Thomas sie erlebt hat. Ein paar Sklaven – das ist die ursprüngliche Bedeutung des Wortes „Hebräer" - sind vor Unterdrückung und Ungerechtigkeit geflohen. Einfache Familien, die sich mit Landwirtschaft und Viehzucht auskannten, aber nicht mit Waffen. Sie wurden von einer ägyptischen Berufsarmee verfolgt, die sie wieder einfangen wollte. Oder Schlimmeres. Nach menschlichem Ermessen: Keine Chance zu entkommen. Wie bei Thomas. Doch dazu kommt es nicht. Auf wundersame Weise werden die Hebräer gerettet und ihre übermächtigen Verfolger gehen unter. Daraufhin singen die Hebräer ein Jubellied auf den Herrn und der freundliche Leser wird es schon erraten haben: Unser Vers gehört zu diesem Jubellied dazu.

Das kann auch persönlich gedeutet werden. Wenn wir unterdrückt und ungerecht behandelt werden, sind wir unseren Peinigern oder den Umständen nicht hilflos ausgeliefert. Wir können etwas dagegen tun. Manchmal trauen wir uns das gegen einen übermächtigen Gegner oder eine übermächtige Situation nicht zu. Dann können wir glauben, dass Gott uns dabei hilft. Wir können uns z.B. aus Lebensumständen zurückziehen, die uns nicht gut tun. So wie die Hebräer. Doch dann verfolgen uns die „alten Geister“, um uns erneut zu versklaven. Vielleicht das schlechte Gewissen, weil man meint, Menschen im Stich zu lassen. Solche Verfolger können äußere Stimmen sein, die skeptisch sind, ob der Weg ins Ungewisse der richtige ist. Da kommt man ins Zweifeln.

Gerade dann kommt Gott und leistet Schützenhilfe. Diese Erfahrung beschreibt unser Text. Gott gibt die Stärke, sich zu behaupten. Er wird für uns zum Retter, damit wir den guten Weg weitergehen können. Den Weg aus Situationen, die uns einengen oder gar versklaven in die Freiheit. Er zaubert uns ein Lied auf die Lippen, wenn wir uns umdrehen und sehen: „Wir haben es geschafft.“

Rubiks Cube

In den dunklen und kalten Wintertagen bleibt man lieber zu Hause. Vielleicht haben Sie Ihren verstaubten Zauberwürfel aus dem Regal genommen. Erstaunlich, wie wenige Drehungen ausreichen, um aus den geordneten Farben ein buntes Chaos zu erzeugen. So einfach es ist, den Würfel zu verdrehen, so schwierig ist es, die Farben wieder zu ordnen.

Ich verrate Ihnen ein Geheimnis: Allein durch Herumprobieren lässt er sich nicht lösen. Sie müssen einige Abfolgen lernen, um die Steine wieder an ihren richtigen Platz zu bringen. Sie müssen beginnen mit einem Kreuz. Das bildet die Grundlage, damit sich das bunte Chaos ordnet. Tun Sie es nicht, können Sie den Würfel nicht lösen.

Ähnlich ist es mit unserem Leben. Wenige Drehungen reichen aus, um alles durcheinander zu bringen. Plötzlich ist nichts mehr an seinem richtigen Platz. Alles durcheinander. Wie bringt man wieder Ordnung in das Chaos?

Die Antwort: Wie beim Zauberwürfel. Man beginnt mit dem Kreuz. Es bildet die Grundlage, da es einen neuen Weg aus alten Verirrungen weist.

Ganz so einfach ist das aber nicht. Der Name ist irreführend: Zauberwürfel. Es ist keine Zauberei. Man muss lernen, wie man den Würfel drehen muss: Erst rechts, dann links, vorn und wieder rechts. Das ist anstrengend, erfordert Übung. Manchmal erleidet man Rückschläge, wenn die ersten Reihen stimmen, der Würfel fast gelöst ist und durch eine falsche Abfolge von Drehungen alles wieder zerfällt. Dann muss man von vorn anfangen: Mit dem Kreuz.

Paulus war auch dieser Meinung, als er schrieb:

Das Wort vom Kreuz ist eine Torheit denen, die verloren werden; uns aber, die wir selig werden, ist es Gottes Kraft.
1. Korintherbrief 1,18

Der Mann aus Nazareth am Kreuz ist die öffentlich sichtbare Demütigung und Schwäche. Das wirkt auch heute noch auf viele Menschen lebensfremd. Wie soll sein Tod zum Leben helfen? Es ist die Antwort Gottes auf unsere Frage nach gelingendem Leben. Nicht die zur Schau gestellte Stärke verbindet Menschen, sondern die Schwäche. Beziehungen gehen kaputt, wenn Menschen von ihrem Thron nicht herabsteigen wollen. Menschen finden zueinander, wenn sie sich ihre Schwächen eingestehen. Nicht der Satz: „Ich habe Recht“ verbindet, sondern: „Es tut mir Leid“.

Eine gute Grundlage, damit die Steine sich ordnen und das Leben gelingt.

Gott und eine Kaffeemaschine

Es gibt diese großen viereckigen Wunderkästen, die meist „Kaffeevollautomat" heißen. Oben kommen die ganzen Kaffeebohnen rein, an der Seite die Milch und auf der Rückseite das Wasser. Vorne stellt man eine Tasse rein. Man drückt auf einen Knopf und schon geht es los: Die Maschine summt und brummt. Manchmal knackt es vernehmlich. Es dauert eine Minute oder auch zwei und auf geheimnisvolle Weise kommt vorne der herrlich duftende Kaffee heraus. Diese Kästen sind wie eine black box – ein schwarzer Kasten: Man weiß nicht, was drinnen vor sich geht. Allein auf das Ergebnis kommt es an: heißer wohlschmeckender Kaffee mit aufgeschäumter Milch.

Ganz ähnlich ist die Situation in folgendem Satz aus der Bibel. Mose will Gottes Herrlichkeit sehen und Gott reagiert auf dieses Ansinnen so:

Der Herr gab zur Antwort: Ich will meine ganze Schönheit vor dir vorüberziehen lassen und den Namen des Herrn vor dir ausrufen. Ich gewähre Gnade, wem ich will, und ich schenke Erbarmen, wem ich will.

2. Mose 33,19

Der Vers ist auf den ersten Blick gar nicht leicht zu verstehen: Warum zeigt sich Gott auf diese Weise? Warum nicht direkt? Die Frage des Mose ist auch unsere Frage. Wir wollen Gott gerne sehen und wie er in unser Leben hineinwirkt. Ein Wunder, ein helles Licht – das wäre schön. Dann hätten wir Gewissheit. Gott würde uns wahrscheinlich die gleiche Antwort geben wie Mose. Gott begegnet uns indirekt. Wir sehen das Gute, das er in unser Leben hineinlegt und genießen es, wie bei einer Kaffeemaschine. Gott wirkt wie eine „Black Box". Man kann nicht hinter die Kulissen schauen, nur das Ergebnis sehen – und genießen. Das ist vielleicht das Schönste daran. Wir dürfen uns mit dem Guten beschenken lassen, das von Gott kommt ohne schlechtes Gewissen.

Die Antwort Gottes an Mose könnte auch die Antwort an uns sein: Wir können der Schönheit Gottes nur hinterher blicken. Z.B. in der Rückschau unseres Lebens, wenn die Spuren der Gnade Gottes aus der Entfernung deutlicher zu sehen sind. Schön, wenn wir mit unserer eigenen Vergangenheit versöhnt, sagen können: „Es war gut wie es gelaufen ist."

Gott gewährt Gnade und Erbarmen, wem er will. Da klingt ein wenig das Gegenteil mit: „Und anderen auch wieder nicht." Damals klang es tatsächlich mit. Die Betonung liegt auf Gottes

Freiheit. Gott lässt sich nicht in ein Korsett pressen. Weder in unser gedankliches noch in unser religiöses. Gott ist souverän, handelt oft unverständlich, schweigt. Diese Erfahrung spiegelt sich in diesem Vers aus dem Alten Testament wider. Diese Erfahrung machen wir auch. Christsein bedeutet kein krisenfestes Leben ohne Hindernisse. Es bedeutet aber auch, dass er da ist und seine Spuren hinterlässt. Besonders da, wo wir seinen Halt besonders brauchen. Woher wir das wissen? Wir wissen es von dem, der Gott mit Papa anspricht und uns lehrt, dasselbe zu tun.

Abwasch

Bruno klopft an die Tür seines WG-Partners. „Matthias, ich muss dir mal was zeigen."

Die Tür geht auf: „Was denn?"

„Komm einfach mit, dann siehst du‘s."

Widerwillig schlurft Matthias hinter Bruno in die Küche. Der zeigt auf Abwaschbecken und Küchentisch.

Matthias blickt sich ratlos um: „Was?"

„Siehst du das nicht? Ein einziger Saustall. Mich würde nicht wundern, wenn sich unter dem ganzen Müll eine Ratte eingenistet hätte."

„Ist doch gar nicht so schlimm."

„Diese Woche bist du mit dem Abwasch dran. Ich habe es satt. Jedes Mal dasselbe Theater."

„Hab dich nicht so. Ich mache das schon noch." Matthias rollt mit den Augen und verschwindet wieder in seinem Zimmer.

Bruno ist unzufrieden. Er ahnt, dass wieder nichts passieren wird. Was soll er nun tun? So kann es jedenfalls nicht weitergehen. Der folgende Vers macht es ihm nicht gerade leichter:

Und wenn ihr beten wollt und habt einem anderen etwas vorzuwerfen, dann vergebt ihm, damit auch euer Vater im Himmel euch eure Verfehlungen vergibt.
Markus 11,25

Dieser Vers klingt hart. Wer hat schon allen Menschen alles vergeben, bevor er betet? Außerdem ist es nicht immer einfach. Der nicht gemachte Abwasch oder die vergessene Verabredung kann man leicht hinter sich lassen. Was ist aber mit schwerwiegende Verfehlungen oder gar Verbrechen? Es kann ein langwieriger Prozess sein, die zu verarbeiten. Manchmal dauert er Jahre. Soll man nicht mehr beten, solange man das verarbeitet?

Man könnte denken: Gott ist nur dann zur Vergebung bereit, wenn man selbst reinen Tisch gemacht hat. Dadurch baut sich Druck auf und das Problem wird nicht vergeben, sondern verdrängt.

Es hilft, wenn man sich von einer anderen Seite nähert: Unser Text richtet den Blick vom eigenen Leid weg auf den anderen Menschen. Es hat ja nicht nur etwas mit mir allein zu tun, sondern auch mit demjenigen, der das Leid verursacht hat. Es trübt die Beziehung. Die Behebung des angerichteten Schadens muss nicht, wie wir meist denken, beim Verursacher beginnen. Sie kann auch von uns ausgehen. Das Motiv: Das

Zerstörerische soll die Beziehung nicht mehr einengen. Es entsteht Freiheit.

Ein Beispiel: Es ist vermutlich typisch deutsch, am Hotelpool die Sonnenliegen mit Handtüchern zu reservieren. Bevor ich leer ausgehe, mache ich es genauso. Wer zu spät kommt, hat Pech gehabt. Nehme ich die Perspektive des anderen ein, der Pech hat, ändert sich alles: Ich bin gerade im Pool und eine Familie sucht verzweifelt nach einem Platz für die Mittagspause. Die Liegen sind alle frei, aber leider mit Handtüchern belegt. Bei mir schleicht sich das schlechte Gewissen ein: Ich bin mit meinem Handtuch Teil des Problems. Wenn niemand reservieren würde, gäbe es immer genug Sonnenliegen für die wenigen, die sie gerade benutzen wollen.

So funktioniert Vergebung mit einem Augenzwinkern. Sie sorgt für genügend freie Liegen für alle. Ganz ernsthaft: Sie führt dazu, dass Menschen wieder zueinander finden. Das ist ihr eigentlicher Zweck. So wird übrigens Gerechtigkeit in der Bibel verstanden: Menschen, die einander helfen, wieder an der Gemeinschaft teilzuhaben. Das Gegenteil ist ungerecht: Beziehungsabbruch und Isolation. Damit ist niemandem gedient.

Welche Möglichkeiten hat Bruno aus unserem Eingangsbeispiel? Den Abwasch für Matthias machen, aus der

Wohnung ausziehen oder den eigenen Frust runterschlucken und noch einmal das Gespräch suchen. Jetzt ist klar, wofür sich Bruno entscheidet. Er sucht noch einmal das Gespräch und diesmal finden sie eine Lösung.

Missverständnis

In der Bar fragt der Kellner seinen Gast: „Wir haben ganz besondere Säfte im Angebot. Wenn Sie wollen, mache ich Ihnen Ananas." Der Gast regt sich auf: „Der einzige, der meine Freundin Anna nass machen darf, bin ich!"

Missverständnisse gibt es häufig. Oft sind sie unbeabsichtigt, können aber eine Menge Verwirrung stiften. Manchmal sagt man etwas halb im Ernst und halb im Spaß. So etwas kann nach hinten los gehen, wenn der andere nur die ernste Seite hört. So manche aggressive Rückfrage: „Wie meinst du das?" wird der Auftakt zu einem handfesten Streit.

Es passiert nicht selten, dass man die besten Absichten und Gedanken hat, das Resultat aber vernichtend ist. Man wollte beim Umzug helfen, hat aber mit seinen zwei linken Händen und Füßen mehr behindert als genützt. Für Klarheit kann folgender Bibelvers sorgen:

Erforsche mich, Gott, und erkenne mein Herz; prüfe mich und erkenne, wie ich's meine."
Psalm 139,23

Dieser Vers wirft Fragen auf: Der allwissende Gott muss meine Gedanken erforschen und mein Herz erkennen? Er muss doch wissen, was in meinem Innern los ist. Gemeint ist hier das eigene Erleben: Oft weiß ich selbst nicht genau, was ich eigentlich will. Will ich zum Kaffee lieber Kirschkuchen oder Quarkkuchen? Will ich heute lieber spazieren gehen oder nur auf der Terrasse sitzen? Solche Entscheidungen können ganz schön schwierig sein. Vor allem, wenn sie wichtige Themen des Lebens betreffen: Welchen Beruf will ergreifen? Wo muss sich mein Leben ändern? Wie will ich meine Beziehungen gestalten? Auf diese Fragen gibt es in unserer Gesellschaft unendlicher Möglichkeiten viele Antworten. Einen Spiegel dieser Vielfalt bietet jeder Supermarkt, der uns bei jedem Einkauf vor die Frage stellt: Was will ich? Denn mit jedem Griff ins Regal muss ich mich auch *gegen* etwas entscheiden, was ich *nicht* will. Sich immer für und gleichzeitig gegen etwas anderes entscheiden zu müssen, überfordert viele Menschen. Vielleicht haben deshalb Populisten, die einfache und klare Antworten bieten, dieser Tage großen Zulauf. Es ist verführerisch, anderen die Entscheidung und damit Verantwortung zu überlassen. Noch verführerischer zu glauben, es gäbe in einer komplexen Welt einfache Antworten.

Zum Glück gibt es diesen Vers. Zum Glück gibt es Gott, an den wir uns wenden können, wenn wir gar nicht mehr weiter wissen und uns überfordert fühlen. Zum Glück gibt es Gott, wenn wir uns tatsächlich falsch entschieden haben und mit den besten Absichten das Schlimmste herausgekommen ist. Wir können uns an ihn wenden, um für uns Klarheit zu gewinnen. Er kennt unser Herz und zusammen mit ihm können wir es erforschen. So gewinnen wir Klarheit und Richtung für unser Leben.

Liebst du mich?

Sophie fragt ihren Freund Lukas: „Liebst du mich?"

„Ich liebe dich bis zum Mond und wieder zurück."

Sophie freut sich: „Das hast du aber schön gesagt."

Eine alltägliche Szene zwischen Liebenden und gleichzeitig erstaunlich: Beide wissen voneinander, dass sie sich lieben. Beide haben Vertrauen in die Zuneigung des anderen. Trotzdem müssen sich Sophie und Lukas das immer wieder sagen. So, als könnte sich die Liebe verflüchtigen, wenn man sie sich nicht vergewissernd zuspricht. Das Wort schafft Realität. Auch das fehlende: Wie ist es um eine Beziehung bestellt, in der man sich gar nichts mehr zu sagen hat?

Folgender Vers setzt mit seinen Worten eine wunderbare Realität zwischen Gott und uns:

Jesus Christus spricht: Wie mich der Vater geliebt hat, so habe auch ich euch geliebt. Bleibt in meiner Liebe!

Johannes 15,9

Jesus spricht es aus: „Ich habe euch geliebt!" Das haben die Jünger wahrscheinlich schon geahnt. Es zugesprochen zu bekommen, setzt dem Zweifel ein Ende.

Daran können wir uns ein Beispiel nehmen: Wir sprechen uns im Alltag selten etwas zu. Positive Äußerungen sind Mangelware. Die Deutschen sind Weltmeister darin, das Haar in der Suppe zu finden. Sie handeln nach der Devise: „Nicht gemeckert ist genug gelobt." Wir wissen, wenn sich niemand meldet, dann kann es gar nicht so schlecht gewesen sein. Wenn aber nicht, dann hagelt es Kritik: „Es sind Fehler gemacht worden." Wer das Gegenteil versucht, setzt sich dem Verdacht aus, unkritisch zu sein.

Trotzdem: Wie wäre es mal anders herum? „Statt gemeckert lieber gelobt." Einander das Gute zusprechen tut gut. Nicht nur dem, der es hört, sondern auch dem, der es zuspricht. Folgen wir also dem Beispiel Jesu: Sprechen wir einander Gutes zu.

Danach folgt die Aufforderung: „Bleibt in meiner Liebe!" Liebe ist mehr als ein romantisches Gefühl, das heute da ist und morgen verfliegt. Es meint den Respekt voreinander. Respekt als Geschöpfe Gottes. Aus dem Zuspruch erwächst eine Verantwortung. Wenn Lukas auf die Frage von Sophie antwortet: „Ich liebe dich bis zum Mond und wieder zurück", darf er sie nicht schäbig behandelt. Sonst könnte man ihm seine Aussage nicht glauben. Oder umgekehrt: Diese Worte sind Ausdruck dessen, was er tut. Wenn Gott in diesem Mann aus Nazareth den Jüngern seine Liebe zuspricht, dürfen wir sie glauben. Wir dürfen respektvoll mit uns selbst umgehen und sorgsam. Wir müssen diesen Respekt aber auch den anderen Menschen gewähren, denen dieses Wort genauso zugesprochen ist wie uns. Das kann eine Menge kosten. Jesus sagt diesen Satz kurz bevor er verhaftet und schließlich brutal hingerichtet wird. Er ist den quälenden Konsequenzen seiner Liebe zu uns Menschen nicht ausgewichen. Er hat so gehandelt, wie er zu uns gesprochen hat: In Liebe. Wir dürfen dieser Liebe glauben und ihr in unserem Leben vertrauen. Jeden Tag aufs Neue.

Zweifel

Ein Sprichwort sagt: Junge Studenten wissen im ersten Jahr alles, im zweiten zweifeln sie, im dritten fangen sie an zu lernen. Das gilt nicht nur für das Studium. Zweifeln heißt hinterfragen. Wir hinterfragen viel: Soll ich tatsächlich noch einen VW kaufen nach diesem Skandal mit den Abgaswerten? Soll ich das Abendstudium beginnen? Soll ich umziehen? Oft ist dieses Für und Wider heilsam, weil es in Bewegung bringt und für Veränderungen sorgt. Das Problem: Unsicherheit halten wir nicht besonders gut aus. Bei uns nicht, aber auch bei anderen nicht. Besonders wenn es um die Religion geht, mögen wir „klare Kante“. Ein Vers aus dem Judasbrief sagt:

Erbarmt euch derer, die zweifeln
Judas 22

Der Judasbrief spricht in schwere Konflikte hinein. Da gibt es sehr unterschiedliche Meinungen, wie der christliche Glaube gelebt werden soll. Soll man sich an die überkommenen Gebote und Vorschriften halten oder den neuen freiheitlichen Tendenzen folgen? Ist es eine Irrlehre, wenn man das Gefühl im Glauben höher bewertet als bisher? Es gibt wie immer in solchen Konflikten drei Gruppen:

Vertreter der alten Tradition, Vertreter der neuen Ideen und die Unentschlossenen, die hin und hergerissen sind. Wie soll man mit ihnen umgehen? Der Judasbrief sagt: mit Barmherzigkeit. Zweifler gelten oft als Schwächlinge. Sie haben keinen eindeutigen Standpunkt, also sind sie nicht standfest. Man kann aber auch anders herum fragen: Warum halten die anderen krampfhaft an ihrer Position fest? Vielleicht aus Angst, den Boden unter den Füßen zu verlieren, wenn sie auch nur den geringsten Zweifel zulassen. Es kann nicht sein, was nicht sein darf. Gerade im Glauben. Die geradezu starrköpfige „Standfestigkeit" hat ihren Preis: Es gibt keine Bewegung, keine Veränderung mehr. Barmherzigkeit mit Zweiflern bedeutet konkret, dass man sich mit ihnen auseinandersetzt, mit ihnen redet und diskutiert. dass man ihnen die eigene Position auseinandersetzt und sich auf ihre Fragen einlässt. Nur so kommt man weiter.

Wir reden gern von der multikulturellen Gesellschaft. Multikulturell bedeutet, dass viele Kulturen miteinander leben. Tatsächlich ist unsere Gesellschaft eher *polykulturell*, d.h. viele Kulturen leben *nebeneinander*. Zweifel fördert den Austausch. Insofern ist die Aufforderung im Judasbrief nötiger denn je: Erbarmt euch derer, die zweifeln.

Paläo, Veganer oder Flexivegetarier?

Paläo, Veganer oder Flexivegetarier? Sie haben die Wahl. Paläo ernähren sich wie die Steinzeitmenschen: von Früchten, Nüssen und Fleisch. Veganer essen nur pflanzliche Produkte und Flexivegetarier sind - wie das Wort schon sagt – flexibel. Dazwischen gibt es jede Menge Ernährungsprogramme. Sie alle versprechen gesunde Ernährung und ein gutes Körpergefühl.

Was hat das alles mit Christsein zu tun? Eine ganze Menge, wie folgender Vers zeigt:

Wirt ihr nicht, dass euer Leib ein Tempel des Heiligen Geistes ist, der in euch wohnt und den ihr von Gott habt? Ihr gehört nicht euch selbst.

1. Korintherbrief 6,19

Christ ist man nicht nur mit seiner Seele, sondern mit seinem ganzen Körper. Früher hat man hauptsächlich auf das Innere geachtet: keine bösen Gedanken, keine schlechten Gefühle. Zum christlichen Leben gehört auch das Äußere, also alles, was man anfassen kann: Der Kopf, die Nase, der Bauchnabel. Daraus besteht der Mensch auch. Das hebräische Wort für Seele kann man übersetzen mit „Schlund“. Es drückt die menschliche Bedürftigkeit aus. Er muss jeden Tag essen, trinken und atmen. Er braucht ein schützendes Dach über dem Kopf und Kleidung. Dazu gehören auch die Ernährungsgewohnheiten.

Leider sparen wir das Körperliche in unserer Frömmigkeit meist aus. Schließlich wird unsere Seele gerettet, oder? Diese Vorstellung ist nicht neu. In der Gemeinde, an die Paulus schreibt, war der Leib auch ein „Fremdkörper", der in den Glauben nicht hineinpasste. Es kam allein auf das Innere, nicht Fassbare an. Deshalb – so die Logik damals wie heute – ist körperlich alles erlaubt. Aber auch das Körperliche kann knechten. Wer regelmäßig Süßigkeiten isst und an einem Abend darauf verzichten muss, weiß wovon die Rede ist. Im Alten Testament ist die Seele mehr als ein unzerstörbares Wesen, das irgendwie und irgendwo in uns drin steckt. Das hat Paulus auch gewusst und seine Leser korrigiert: Seele – das ist der ganze Mensch in all seiner Bedürftigkeit. Schlund eben. Er ruft den Christen in Erinnerung: „Ihr seid Tempel des Heiligen Geistes und gehört nicht mehr euch selbst." Anders formuliert: Es kommt sehr wohl auf euren Körper an. Die Trennung zwischen Seele und Körper ist unnatürlich. Wenn man das eine gegen das andere ausspielt, wird's schief. Wer mal einen Tennisarm hatte oder eine Sehnenscheidenentzündung, weiß einen funktionierenden Körper zu schätzen.

Umgekehrt gilt das gleiche: Wenn die Seele krank ist, wirkt sich das auf den Körper aus. Es gibt Untersuchungen, dass Menschen mit einer positiven Lebenseinstellung schneller gesund werden. Körper und Seele gehören zusammen.

Unser Leib ist Tempel des Heiligen Geistes, d.h. unsere Körperlichkeit ist etwas Gutes. Mit ihm lässt sich etwas anfangen: Spaziergänge genießen, Sport treiben, einander streicheln und kuscheln. Das tut Körper und Seele gut.

Umgekehrt geht das auch: Wer ohnehin schon durch das Leben rennt, kann innehalten und seiner Seele etwas Ruhe gönnen. Z.B. in der Gegenwart Gottes. Das tut nicht nur der Seele, sondern auch dem gestressten Körper gut.

Regentropfen

Luisa schaut zu, wie die Regentropfen gegen die Fensterscheibe prasseln. Sie sind ein Spiegelbild ihrer Seele. Seit Tagen kann sie nicht mehr aus dem Haus, kommt nur mühsam aus dem Bett, ist sie wie gelähmt. Sie kann nur hier am Fenster sitzen. Sie kennt die Diagnose: Depressionen. Jedes Jahr am Übergang zum Frühling ereilt sie diese Stimmung, umgreift ihr Herz mit stahlhartem Griff und lässt ihr Herz nur noch mühsam schlagen. Die Regentropfen laufen an der Scheibe hinab wie ein unaufhörlicher Strom Wehmut und Trübsal.

Plötzlich reißt das Trommeln ab und die Wolkendecke reißt auf. Eine Lücke entsteht in der grauen Wolkendecke und ein Sonnenstrahl taucht die regennasse Welt in ein unwirkliches Licht. Fast überirdisch wirkt es, wie ein zaghafter Gruß von oben, der in ihr Herz reicht.

So plötzlich der Sonnenstrahl durch die Wolken brach, ist er auch wieder verschwunden. Der Regen setzt wieder ein, aber Luisa lächelt. Sie ist erfüllt von einer zaghaften Freude.

Eure Traurigkeit soll in Freude verwandelt werden

Johannes 16,20

So ähnlich wie Luisa muss es auch den Jüngern gegangen sein, als Jesus gekreuzigt wurde. Sie zweifelten daran, was sie in den letzten Jahren gelernt und erlebt hatten. So etwas macht traurig und lähmt.

Jesus hat diese Situation vorausgesehen und sagt diesen Satz zu seinen Nachfolgern, kurz bevor er gefangengenommen und hingerichtet wird. Angesichts des Kreuzes wirken solche Worte wie blanker Hohn. Wie soll aus diesem katastrophalen und schmählichen Ende Freude entstehen? Wie soll man aus der Depression herausfinden?

Genau das ist das Wunder an Ostern: Der Tod am Kreuz ist ein neuer Anfang. Die Auferstehung Jesu ist wie ein Sonnenstrahl, der die dichte Wolkendecke aufreißt und einen kurzen Blick auf den strahlend blauen Himmel erlaubt. Eine Vorschau auf das, was kommt. Der Regen wird nicht ewig gegen das Fenster trommeln. Er wird aufhören und den wärmenden Sonnenstrahlen weichen, in denen die Kraft steckt, aus dem winterlich kargen Boden Leben hervorzubringen.

Das kann das Wunder für Sie persönlich sein: Es ist erschütternd und macht traurig, wenn man in die Untiefen der eigenen Seele schaut. Deshalb verdrängen wir lieber. Gar zu unerträglich ist dieser Blick. Doch mit Ostern entsteht aus dem Gebrochenen neues Leben, aus dem Verkümmerten ein starker Spross. Ostern kann der Wendepunkt auch Ihres Lebens sein.

Das Neue: Gott macht Frieden mit den Menschen. Machen Sie Frieden mit sich selbst.

Die Welt ist schlecht und ungerecht

Jenny steckt in einem Dilemma: sie sitzt hinten auf ihrem Kindersitz im Auto und hält eine Topfpflanze fest, die ihre Mutter gerade gekauft hat. Sie hat sich noch nicht angeschnallt. Aber beides geht nicht: Festhalten und Anschnallen. Also stellt sie die Topfpflanze auf den mittleren Sitz neben sich. „Wenn Mama jetzt losfährt“, denkt Matthias, „fällt die Pflanze herunter und ist sauer!“ Kurz entschlossen greift er zu und hält die Pflanze fest.

Jenny denkt, ihr Bruder will sich die Pflanze schnappen und schreit los: „Ich will die Pflanze festhalten!“

Mama dreht sich genervt um und schimpft Matthias aus.

Wie ungerecht, denkt Matthias. *Ich wollte helfen und werde dafür ausgeschimpft.*

Diese kleine Episode wird Matthias bald vergessen haben. Es gibt aber Ungerechtigkeiten, die schwerer wiegen. Auf eine solche blickt der Autor des folgenden Verses zurück:

Dennoch bleibe ich stets an dir; denn du hältst mich bei meiner rechten Hand, du leitest mich nach deinem Rat und nimmst mich am Ende mit Ehren an.

Psalm 73,23-24

Die schlechten Menschen lachen sich ins Fäustchen, während die guten unter die Räder kommen. Die Reichen und ihre Gier werden nicht bestraft und die Armen leiden. Das passt nicht in sein Gottesbild. Gott müsste doch dafür sorgen, dass es umgekehrt ist: Die Guten ins Töpfchen und die Schlechten – nun ja. Gute Menschen sollten belohnt werden und schlechte bestraft.

Das kennen wir auch. Der Komponist Heinrich Schütz fasst es so zusammen: „Es ist all hier ein Jammertal, Angst, Not und Trübsal überall." Ungerechtigkeit kann das Leben madig machen.

Der Psalmbeter hat einen anderen Blick. „Dennoch", sagt er. Es klingt trotzig, unbeugsam. Er sieht das alles und hält trotzdem an Gott fest. Angesichts der Ungerechtigkeiten darf man fragen: Warum? Hat Gott sich selbst nicht widerlegt, weil er nichts dagegen unternimmt? Das ist auch unsere Frage und die vieler Menschen heute.

Er betrachtet nicht mehr seine Ohnmacht. Er schaut vielmehr auf Gott. Trotz aller Ungerechtigkeit ist Gott an seiner Seite, lässt ihn nicht los. Er hält ihn fest.

Diese Erfahrung können Sie auch machen. Gott ist an Ihrer Seite und lässt Sie nicht los. Er verhindert vielleicht nicht alle Krisen, aber er begleitet durch sie hindurch.

Schließlich sagt der Psalmbeter, Gott werde ihn „am Ende mit Ehren“ annehmen. Es gibt ein Ende und das wird von Gott bestimmt. Er wird für Gerechtigkeit sorgen. Die Opfer werden gehört, die Täter zur Rechenschaft gezogen. Darauf ist Verlass.

Das ist natürlich eine Glaubensaussage. Man kann sie nicht beweisen. Mit dem Psalmbeter können wir einstimmen in sein trotziges „Dennoch“ und glauben, dass auch unser Leben in seiner Hand gut aufgehoben ist.

Getroffen

Manuel umklammert mit schmerzverzerrtem Gesicht seinen Bauch. Er kann sich kaum auf den Beinen halten. Der 30jährige wollte die ersten warmen Tage des Jahres nutzen, um einen Spaziergang zu machen. Er ist am Fußballplatz vorbeigegangen, als wie aus dem nichts ein Fußball angeflogen kam und ihn traf, mitten in den Bauch. Offensichtlich aus Versehen, denn die Jungs stehen erschrocken auf der Wiese und halten die Hände vor den Mund. Nach ein paar Minuten geht es wieder und der Schmerz lässt nach. Manuel bringt den Ball zurück und versichert: „Nichts passiert. Ich habe nur nicht damit gerechnet."

Der römische Soldat, der die folgenden Worte ausspricht, hat ebenfalls nicht mit so etwas gerechnet:

Wahrlich, dieser ist Gottes Sohn gewesen!
Matthäus 27,54

Der Hauptmann ist getroffen worden. Was ihn getroffen hat, ist die Erkenntnis, wer da ans Kreuz genagelt wurde. Es ist nicht nur Jesus von Nazareth, der Wanderprediger, der interessante Ideen verbreitet hat und für die Obrigkeit unbequem wurde. Es ist Jesus der Christus, der uns den

Spiegel vorhält, indem er leidet und stirbt und so zu einem Sinnbild unserer menschlichen Verlorenheit wird. Wir leiden und sterben, weil wir die Beziehung zu Gott verneinen.

Diese Erkenntnis trifft den römischen Hauptmann so intensiv, dass es sich anfühlt, als hätte er einen Fußball in den Bauch bekommen. Niemand bleibt gelassen, wenn Gottes Wort ihn oder sie trifft. Aber was hat der römische Soldat gesehen? Er hat in diesem Mann die Liebe Gottes erkannt. Eigentlich eine entsetzliche Vorstellung: Ganz viel Blut. Ganz viel Gewalt. Ganz viel Schmerz und Leid. Mitten drin: Gottes Liebe.

Gott begegnet uns nicht in lichten Höhen, sondern in der dunklen Tiefe. Gerade an diesem dunkelsten Ort will Gott sein, um sein befreiendes Licht in der Welt zum Leuchten zu bringen. Sie hat es auch nötig. Wir haben es nötig. Wir brauchen Gott dort, wo wir nicht weiter wissen und keine Hilfe mehr erwarten. Gott öffnet Türen, wo eine Situation ausweglos ist. Eben dort, wo Gewalt die letzte Lösung zu sein scheint. Aber Vergeltung und Gewalt sind nur an der Oberfläche logisch. Schaut man tiefer, führt nur der Verzicht darauf zueinander. Der römische Hauptmann erkennt, dass nicht die Pax Romana, also der römische Gewalt-Frieden die Lösung aller Probleme ist, sondern der Frieden, den Gott schenkt. Der Frieden Gottes aber bedeutet den Verzicht auf

Gewalt und das Ertragen der eigenen Gebrochenheit und der Gebrochenheit anderer. Daraus entsteht neues Leben.

Manuel hätte wütend den Ball in die Büsche werfen können. Schließlich hat man ihm wehgetan. Er lächelt aber und gibt ihn den Jungs zurück. Er kickt sogar ein paar Minuten mit ihnen und geht dann fröhlich weiter. Frieden kann man auch stiften im Alltag.

Ich schwöre!

„Ich schwöre dir, ich war es wirklich nicht!"

Seine Lieblingstasse, ein Geschenk seiner Frau zum Hochzeitstag, liegt in Scherben auf dem Boden. Veronica steht daneben. Jürgen ist sauer. Er kann seiner Kollegin trotz ihrer Beteuerung nicht glauben. Wer soll es sonst gewesen sein? Er schaut Veronica mit einem skeptischen Blick an, schüttelt den Kopf und marschiert wütend an seinen Schreibtisch zurück. Zu oft erlebt er solche kleinen „Unehrlichkeiten" und „Notlügen". Vielleicht sollte sich Veronica mal folgenden Vers aus der Bibel zu eigen machen, denkt er:

Euer Ja sei ein Ja, euer Nein ein Nein; alles andere stammt vom Bösen.
Matthäus 5,37

Offenbar gibt es diese Probleme schon immer: Man kann sich auf das Wort des anderen nicht verlassen. Ein einfaches Ja oder Nein reicht irgendwann nicht mehr aus, also muss man schweres Geschütz auffahren. Man rüstet auf mit Schwur und Eid unter Zeugen. Früher beim Tempel, heute beim Leben seiner Mutter. Auch das reicht nicht aus. Der Schwur wird gebrochen. Es wird Meineid geleistet. Nichts scheint mehr heilig, nichts ist vor der Lüge sicher. Nun kann man wieder präzisieren: Bindend ist doch gar nicht der Schwur auf den Tempel. er gilt nur, wenn man beim *Gold* im Tempel und beim *Opfer auf dem Altar* schwört. Man merkt schon, wo das hinführt: Zu ganz großer Unsicherheit. Was gilt denn nun? Worauf kann man sich denn verlassen? Bei dieser Aufrüstung mit Schwurformeln bleibt die Wahrheit auf der Strecke, denn „wahrer" als „wahr" geht nicht.

Jesus erteilt diesem ganzen Klein – Klein eine große Absage. Er fordert klare und einfache Ansagen: Ein Ja soll ein Ja sein und ein Nein, ein Nein. Nichts dazwischen. Nichts darüber hinaus. Alles andere entwertet die Wahrheit. Leute, die einfach ja oder nein sagen und danach tun, sind Jesus am liebsten. Er selbst übte die fast vergessene Kunst der Eindeutigkeit. Er hat eindeutig ja gesagt zu uns. Wir können mit Ja antworten. Nicht nur ihm, sondern auch in den Beziehungen zueinander. Auf Gottes Wort ist Verlass. Ist es auf unseres auch?

Als Jürgen wieder vor seinem Computer sitzt, kommt Marko an seinen Tisch. Er hat Handfeger und Müllschippe in der Hand: „He, Jürgen. Mir ist vorhin aus Versehen deine Lieblingstasse runtergefallen. Tut mir wirklich Leid. Ich musste erst mal erfragen, wo das Putzzeug steht, um das Missgeschick zu beseitigen."

Jürgen beschleicht das schlechte Gewissen: Da habe ich Veronica wohl Unrecht getan.

Bei Menschen können wir uns nicht sicher sein, aber bei Gott schon: Sein Ja zu uns gilt. Es ist unwiderruflich wahr.

Zaubertrank

Alex denkt wehmütig: „Hätte ich doch den Zaubertrank von Asterix und Obelix. Dann wäre ich unbesiegbar. Dann könnten mir die Jungs auf dem Schulhof nichts mehr anhaben. Ich würde sie in die Flucht schlagen."

Immer wieder lauern sie ihm auf und piesacken ihn. Das geht schon seit einigen Tagen. Alex fragt sich, warum sie sich gerade ihn ausgesucht haben. Er reißt sich gewaltsam aus seinen Träumereien: Leider gibt es keinen Zaubertrank. Er muss anders mit der Sache klarkommen.

Das gibt es auch in unserem Leben: Situationen, in denen wir uns hilflos fühlen, klein und schwach. Folgender kühner Vers behauptet:

Alles vermag ich durch ihn, der mir Kraft gibt.

Philipper 4,13

„Alles vermag ich" - eine starke Behauptung. Zumal von jemandem, der im Gefängnis sitzt. „Alles vermag ich" könnte verstanden werden als blinder Optimismus, der alle Schwierigkeiten verdrängt. So wie ein Mensch, der von der

Aussichtsplattform eines Hochhauses herunterfällt und bei jedem vorbei sausenden Stockwerk sagt: „Soweit ging's gut."

Hier kommt alles auf die Begründung an. „Durch den, der mir Kraft gibt." Beides greift hier ineinander wie zwei Zahnräder: Mensch und Gott. Der Mensch vermag etwas. Er ist nicht nichts. Aber er vermag es nicht allein, sondern nur mit Hilfe der Kraft, die Gott verleiht. Gott und Mensch auf einem Tandem und beide treten in die Pedale. Der Mensch muss nicht allein treten. Gott hilft mit. Es ist aber nicht nur Gott, der in die Pedale tritt, während der Mensch zuschaut. Im Glauben entsteht eine Wechselseitigkeit, die uns vorankommen lässt.

Mit diesem Satz aus dem Philipperbrief können wir das Leben wagen, denn wir müssen es nicht allein meistern. Wir können Hilfe erwarten von Gott. Wir dürfen uns Hilfe holen von anderen Menschen.

So wie Alex, der in der nächsten Hofpause ein paar Freunde mitbringt und zu den Jungs hingeht, die ihn in letzter Zeit ärgern. Er hat Herzklopfen, was wohl passieren wird. Aber die Jungs tun das, was Feiglinge immer zu tun pflegen: Sie laufen davon und lassen ihn fortan in Ruhe.

Alle sind gegen mich

„Alle sind gegen mich!“ Weinend kommt Melissa von der Schule nach Hause. Zwischen Tränen und Schluchzern erzählt sie ihrer Mutter die ganze Geschichte: „Meine beste Freundin Maja und ich haben uns gestritten. Sie will jetzt nicht mehr meine Freundin sein.“ Die Mutter versucht ihre Tochter zu trösten, doch immer noch rinnen die Tränen ihre Wangen herunter: „Was ist, wenn sie nie wieder meine Freundin sein will?“

Was ist, wenn wir niemanden haben, der unser Freund sein will? Diese Angst ist gut begründet. Immer mehr Menschen leben allein, in sog. „Single-Haushalten“. Immer mehr alte Menschen haben kaum noch Kontakt zu ihrer Umwelt und führen ein fast vergessenes Leben. Wenn wir uns verlassen fühlen und andere Menschen uns schlecht behandeln, fühlen wir uns wie Melissa: „Alle sind gegen mich!“

Die Wahrheit sieht anders aus, wie folgender Vers zeigt:

Ist Gott für uns, wer kann wider uns sein?

Römerbrief 8,31

Die Frage des Paulus ist rhetorisch gemeint: Natürlich niemand! Gott ist für uns! Wie passt diese Aussage aber zu unseren negativen Erfahrungen, die wir trotzdem machen?

Paulus stellt bewusst die positive Aussage voran: „Ist Gott für uns,...“. Das dürfen wir glauben. Im Vaterunser gebraucht Jesus die Anrede: „Abba - Papa“ um die besondere Nähe, Intimität und Fürsorge auszudrücken, die zwischen Gott und uns besteht. Diese absolut positive Aussage ist die Voraussetzung für den zweiten Teil: „...wer kann wider uns sein?“ Natürlich machen wir schlechte Erfahrungen mit anderen Menschen. Unser Vertrauen wird enttäuscht. Wir werden verletzt. Das alles fällt aber nicht so sehr ins Gewicht, wenn man sich geliebt weiß. So ist die schwierige Arbeitssituation nicht mehr so schlimm, wenn man von der Familie aufgefangen und getröstet wird. Paulus erinnert uns daran, dass wir geliebt und gewollt sind. Von dem, der das Leben nicht nur geschaffen hat, sondern auch mit all seinen Höhen und Tiefen kennt. Sie sind nicht allein, denn Gott ist bei Ihnen und lässt Sie nicht los. Sie sind schließlich sein Kind und dürfen zu ihm lieber Vater sagen.

Inzwischen kann Melissa wieder lächeln. Ihre beste Freundin Maja hat angerufen und gefragt, ob sie miteinander spielen wollen. Die meisten Konflikte lassen sich nicht so leicht lösen, wie bei Melissa und Maja – oder doch? Oft haben wir Angst vor Ablehnung oder Feindseligkeit, wenn wir den ersten Schritt machen auf den anderen zu und es vergehen Monate oder Jahre des Schweigens. Nehmen wir uns ein Beispiel an Melissa und Maja: Manchmal genügt ein einziger Anruf.

Die Jacke vergessen

Ich bin auf dem Heimweg von einer Veranstaltung. Ich steige ins Auto und fahre durch die verlassenen Straßen. Es ist spät geworden. Es fängt an zu nieseln. Nichts besonderes, schließlich ist es Herbst. Trotzdem durchfährt es mich, als habe mich ein Blitz getroffen: Meine Jacke! Ich habe sie in der Garderobe vergessen! Ich ärgere mich über meine Vergesslichkeit: Warum muss mir immer wieder so etwas passieren?

Ich hadere mit mir selbst: Umkehren? Ich entscheide mich weiterzufahren. Schließlich ist es schon spät und ich will nach Hause.

Zu Hause ist der Ärger verflogen. Ich habe mich an den Gedanken gewöhnt, die nächsten Wochen auf meine Lieblings-Regenjacke verzichten zu müssen. Ich habe ja noch andere.

Es gibt Dinge die man nicht vergessen sollte, wie folgender Vers beschreibt:

Vergesst nicht, Gutes zu tun und mit anderen zu teilen; denn an solchen Opfern hat Gott Gefallen.

Hebräerbrief 13,16

Diese Vergesslichkeit ist lebensbedrohlich. Sie bedroht das fremde Leben und das eigene. Der Vers erinnert daran, dass wir nicht nur Menschen sind, sondern auch Mitmenschen. Mensch kann man nur sein im Gegenüber. Das „Ich" braucht ein „Du".

Das „Ich" spielt heute eine große Rolle. In Markennamen wird das „Ich" zelebriert, das „Ego" wie das griechische Wort dafür heißt. Der wird zum Egoisten. Manche wundern sich, dass sie damit nicht glücklich werden.

Oft hilft das Gegenteil. Statt bei sich selbst zu bleiben, kann man sich verschenken, vom Menschen zum Mitmenschen werden. Natürlich leben die meisten von uns bereits am Limit. Ein Termin jagt den anderen. Lebenszeit ist begrenzt. Sie ist kostbar, ein wertvoller Schatz. So paradox es klingt: Wir gewinnen sie, indem wir sie verschenken. Wer hier krampfhaft festhält, verliert. Wer abgibt, wird reich beschenkt.

Wenn ich mich dem anderen öffne, dann öffne ich mich auch dem, was der andere braucht. Dazu gehört ein Leben in Würde. Das meint die äußeren Umstände: Nahrung, Kleidung, Wohnung, ärztliche Versorgung aber auch die Seele: Nähe, Freundschaft und Wertschätzung.

Es klingt so leicht, ist aber sehr schwer. Menschsein bedeutet, Mitmensch zu sein und das kann in Vergessenheit geraten. Wir müssen daran erinnert werden: Vergesst nicht,

Gutes zu tun! Dieses „Opfer“ macht uns nicht ärmer, sondern zu dem, wozu Gott uns bestimmt hat: zu Menschen.

Stromausfall

Die Kinder rufen panisch nach uns. Sie haben Angst und wir stürzen zu ihnen. Wir können aber nichts sehen, stoßen uns an Möbeln, die im Wege sind. Es ist gar nicht so leicht in der fremden Ferienwohnung seinen Weg zu finden mitten in der Nacht, wenn es stockfinster ist. Selbst die Straßenlaternen sind ausgefallen.

Die Kinder hantieren panisch am Schalter ihres Nachtlichts. Vergeblich. Wo hatte ich Kerze und Streichhölzer liegen sehen? Gar nicht so leicht etwas zu finden, wenn man die Hand vor Augen nicht sieht. So muss sich ein Blinder fühlen. Endlich finde ich beides und taste mich zum Kinderzimmer vor. Endlich flammt das Streichholz knisternd auf, Kerzenlicht leuchtet. Der Duft des abgebrannten Streichholzes breitet sich aus, das an einen wohligen Abend in der Adventszeit erinnert. Die Kinder beruhigen sich wieder. Endlich können sie wieder etwas sehen. Mit dem Licht verschwindet auch die Angst.

Die Finsternis vergangener Jahrhunderte ohne elektrisches Licht war so vollständig wie ein Stromausfall. Da konnte man es mit der Angst zu tun bekommen. Deshalb steht Finsternis in der Bibel meistens für Tod, Krankheit und Zerstörung, für alles was das Leben bedroht. Licht steht für das Leben. Licht und Leben. Eine Verbindung, die wir besonders in der Weihnachtszeit ziehen. Oder im folgenden Vers:

In ihm war das Leben, und das Leben war das Licht der Menschen.
Johannes 1,4

Licht und Leben. Johannes verbindet diese beiden Worte, verschachtelt sie ineinander. Und dann kommen noch Menschen dazu. Verständlicher wird dieser Satz, wenn man seine ganze Geschichte kennt. Da gibt es einen Menschen, der ein Licht in diese Welt gebracht hat, das nie ausgeht. Es ist immer hell, sogar in der Nacht. Das wäre toll, wenn man nie wieder Angst haben müsste, weil es nie wieder dunkel wird.

Natürlich geht die Sonne am Abend immer noch unter. Doch die Sonne in unserem Herzen kann das ganze Leben hindurch strahlen, weil es ihn gibt, den Mann aus Nazareth. Er wird zum Licht in unseren Herzen, das uns den Weg zeigt, damit wir uns nirgendwo mehr stoßen. Er stellt uns Gott vor, der uns nicht verabscheut und loswerden will. Gott hat uns so lieb, dass er uns für immer bei sich haben will. Das zeigt sich schon am Beginn seines Lebens. Er ist nicht geboren in einem Palast, enthoben dem gewöhnlichen Volk, sondern mitten im Alltag. Gott bei uns. Gott mit uns. Das dürfen wir glauben, wenn wir die Kerzen anzünden an unseren Adventskränzen und sich der wohlige Geruch ausbreitet des abgebrannten Streichholzes.

Schade drum

„Diesen Fehler hättest du vermeiden können. Dann wäre es keine eins Minus, sondern eine glatte eins geworden. Schade drum." Nicht nur bei Zensuren in der Mathearbeit sind wir darauf aus, das „Haar in der Suppe" zu finden. Der schwarze Fleck an der Wand stört uns mehr, als das restliche makellose Weiß. Man könnte ja auch sagen: „Besser ein Fleck an der Wand, als auf der Krawatte." Da kann uns folgender Vers einen schöneren Blick auf die Welt bescheren.

Jauchzet, ihr Himmel; freue dich, Erde! Lobet, ihr Berge, mit Jauchzen! Denn der HERR hat sein Volk getröstet und erbarmt sich seiner Elenden.
Jesaja 49,13

Man könnte meinen, in diesem Vers geht es um ein fröhliches Ereignis – und das tut es auch. Aber das Ereignis ist noch gar nicht eingetreten. Noch ist alles so, wie es seit fast 70 Jahren ist. Die Israeliten leben in einem fremden Land und haben sich dort eingerichtet. Doch die Erinnerungen sind noch da und die Sehnsucht nach der „guten alten Zeit" lebendig, als der Tempel in Jerusalem noch stand. Nun könnte man das tun, was wir häufig tun: uns ärgern. Ärgern darüber, dass alles so schrecklich ist und die Mächtigen ungerecht mit dem Volk Israel umgesprungen sind. Israel hätte sehr gute Gründe dazu.

Stattdessen macht der Prophet das genaue Gegenteil. Er freut sich und nimmt schon vorweg, was passieren wird. Das Leben in der Verbannung wird nicht ewig dauern. Es wird eine Zeit geben, da Israel zurückkehren und den Tempel wieder aufbauen wird. Es ist zwar noch nicht so, aber er tut so, als wäre das schon eingetreten.

Das können wir auch tun. Wir wissen, dass unsere Welt Kompromisse von uns fordert. Wir glauben aber, dass es nicht immer so sein wird. Es wird einmal von Gott gestifteten Frieden geben. Frieden zwischen den Menschen, zwischen uns und der Natur. Lassen Sie uns so leben, als wäre dieser Frieden schon da, als wäre das Volk schon getröstet, als hätte sich der Herr der Elenden schon erbarmt. Wir werden merken, dass sich schon dadurch einiges in unserem Leben zum Guten wendet.

Es geht dabei nicht um die Parole: „Denk positiv“, die alles Negative des Lebens verdrängt. Es geht darum, an Gottes Möglichkeiten zu glauben. Er ist lebendig, wirkt in unser Leben hinein und führt es schließlich zu seiner Vollendung.

Griechisch lernen leicht gemacht

Das erste, was man im Theologiestudium lernt, sind die Sprachen: Griechisch und Hebräisch. Latein kommt dazu, wenn man es nicht in der Schule hatte. Und es ist genauso, wie es klingt: Eine Plackerei. Unser Griechisch-Lehrer hatte am Anfang der „Folter-Stunde“ ein Ritual. Wir sprachen miteinander (natürlich auf Griechisch) folgenden Vers:

Gott hat uns nicht einen Geist der Verzagtheit gegeben, sondern den Geist der Kraft, der Liebe und der Besonnenheit.
2. Timotheus 1,7

Dieser Vers war gut ausgesucht. Wir sollten vor den Schwierigkeiten des Sprachelernens nicht verzagen, sondern uns Kraft, Liebe und Besonnenheit bewahren.

Ein Vers, der über jedem neuen Tag stehen könnte. Am meisten braucht man ihn wohl am Montag, wenn der Arbeitsalltag in eine neue Runde startet. Verzagtheit ist nicht das, kann man diesem Vers entnehmen, was Gott für uns „in petto“ hat. Das sind ganz andere Dinge:

Kraft, um das Leben zu bewältigen. Gerade dann, wenn wir mit den eigenen Kräften am Ende sind. Da sollen wir uns auf die Kraft Gottes verlassen.

Liebe, ohne die wir nicht leben können. Wir sollen uns mit der Liebe Gottes erfüllen lassen.

Besonnenheit, die gerade in Krisenzeiten nötig ist, um einen kühlen Kopf zu bewahren.

Diesen Satz gibt Paulus seinem „besten Mann“ mit: Timotheus. Er soll in schwierigen (Gemeinde)Situationen vermitteln. Das ist sein Job. Nicht gerade leicht. Klar, dass auch Timotheus an seine Grenzen kommt. Dann soll er nicht verzagen, weil die eigenen Fähigkeiten nicht ausreichen. Er kann auf Gott vertrauen, der ihm geben wird, was er braucht, um das schwierige Leben zu meistern. Das gilt auch für uns. Gott gibt uns gern Kraft, Liebe und Besonnenheit, damit auch wir unsere Tage meistern.

Dieser Vers hat sich mir durch das ständige Wiederholen eingeprägt. Ich kann ihn jetzt, Jahre später, immer noch auswendig (natürlich auf Griechisch). Genau darum geht es im Glauben auch: Nachfolge lebt von ständiger Wiederholung. Wir buchstabieren mit unserem Leben, dass wir auf Gottes Kraft, Liebe und Besonnenheit vertrauen. Ich wünsche Ihnen, dass Sie diese Erfahrung mit Gott machen – immer wieder.

Eine gute und eine schlechte Nachricht

Maik sagt zu seinen Kindern: „Ich habe eine gute und eine schlechte Nachricht für euch. Welche wollt ihr zuerst hören?"

Seine 7 jährige Tochter Hannah ruft vergnügt: „Die schlechte natürlich!"

Auch ihr 9 jähriger Bruder Oskar grinst. Beide kennen dieses Ritual.

„Also gut." sagt Maik. „Wir haben leider kein Brot mehr im Haus."

„Und die gute Nachricht?", fragt Oskar.

„Wir haben noch jede Menge Toastbrot, um den Sandwich-Toaster anzuwerfen."

Die Kinder jubeln: Der Sandwich-Toaster ist bei ihnen sehr beliebt. So kann man auch gute Nachrichten verkünden - oder wie es der folgende Vers tut:

Ihr aber seid das auserwählte Geschlecht, die königliche Priesterschaft, das heilige Volk, das Volk des Eigentums, dass ihr verkündigen sollt die Wohltaten dessen, der euch berufen hat von der Finsternis zu seinem wunderbaren Licht.

1. Petrusbrief 2,9

Diese Worte erinnern an die Beziehung zwischen Gott und Israel: Israel ist das auserwählte Volk Gottes. Diese Ähnlichkeit ist kein Zufall. Unser Autor erweitert diesen Zuspruch Gottes auf die Gemeinden, an die er schreibt. Das, was bisher nur für einen ganz kleinen Teil der Menschheit galt, gilt nun für jeden. Jeder darf sich als heilig betrachten, als Gott zugehörig.

Das ist eine gute Neuigkeit. Gute Neuigkeiten wollen verkündigt werden. Alles andere ist unnatürlich: Wenn Kinder eine eins in Mathe bekommen, erzählen sie das sofort. War es eine fünf, kann das warten. Genauso meint es unser Text: Gott meint es gut mit uns. Diese wohltuende Nachricht sollen alle hören.

Als Christen schaffen wir es genauso wenig wie Israel, Gottes Ansprüchen gerecht zu werden. Trotzdem hält Gott an uns fest und beschenkt uns mit Wohltaten, wie es hier heißt. Wenn Gott uns schon nicht verurteilt, sondern uns „berufen hat zu seinem wunderbaren Licht“, dann brauchen wir uns auch nicht zu verurteilen. Weder uns selbst, noch einander. Im Gegenteil: Gönnen wir einander die Wohltaten Gottes und sagen ihnen diese gute Nachricht eines Gottes, der uns nahe kommt. So nah, wie es in Fleisch und Blut überhaupt möglich ist.

Die Liebe festhalten

Paul steht vor dem glatten Stamm einer Buche und blickt wehmütig auf die alten Buchstaben in der Rinde. „L + P“ steht da umrahmt von einem unförmigen Herz. Schön war es damals, als Lisa und er das eingeritzt haben. Die Zeit hat nicht nur die Buchstaben verblassen lassen. Auch ihre Liebe zueinander ist rissig geworden und unförmig. Die gemeinsamen 20 Jahre haben ihre Spuren hinterlassen – und nicht nur gute. Paul fragt sich, ob die Liebe noch die gleiche ist, wie am Anfang.

Ganz ähnlich sieht das Alte Testament die Beziehung zwischen Gott und dem jüdischen Volk. In den Jahrhunderten der gemeinsamen „Ehe“ ist die Braut Israel ihrem Bräutigam Gott immer wieder untreu geworden. Trotzdem schreibt der Prophet Jeremia einen hoffnungsvollen Satz:

Gott spricht: Ich habe dich je und je geliebt, darum habe ich dich zu mir gezogen aus lauter Güte.
Jeremia 31,3

Israel – so die eigene Rückschau – ist immer wieder „fremdgegangen“. Es hat die Gebote missachtet. Besonders das Gebot der Freilassung aller Sklaven nach sieben Jahren

Knechtschaft. Niemand hat sich daran gehalten. Deshalb sind Jerusalem und der Tempel zerstört worden. Eine Katastrophe. Wie soll es nun weitergehen? Unsicherheit macht sich unter den Juden im Exil breit.

Die hoffnungsvolle Botschaft des Propheten: Gott hält an seiner Liebe fest. Er will mit Israel zusammen bleiben. Er stößt es nicht fort.

So ist Gott auch heute noch: Er hält an der Liebe zu uns fest durch alle Enttäuschungen hindurch. Wir gehen durch viele Krisen, die unsere Liebe zu anderen Menschen erkalten lassen. Manchmal erkaltet sogar die Liebe zu uns selbst und wir können nicht mehr guten Gewissens in den Spiegel schauen. Wir fragen: „Wer soll mich jetzt noch lieben, nach dem was ich getan habe?“ Antwort: „Gott hat dich immer noch lieb. Er hat dich zu sich gezogen aus lauter Güte.“

Das ist tröstlich zu wissen: Gott liebt uns grundlos. Er liebt uns, ohne dass wir ihm einen „guten Grund“ dafür liefern müssen. Gott liebt uns bedingungslos. Er liebt uns, ohne dass er Bedingungen stellt, die wir erfüllen müssen. Dieser Liebe können wir uns anvertrauen.

Und Lisa und Paul? Ihre Liebe musste Krisen und Verletzungen überstehen. Sie hat sich verändert. Sie ist aber immer noch da. Paul holt sein Taschenmesser heraus und zeichnet die Buchstaben nach und das unförmige Herz.

Freiheit

„Muss ich wirklich mit? Das ist doch stinklangweilig im Gottesdienst!“

Michael antwortet: „O.k. Du brauchst heute nicht mitzukommen. Du kannst zu Hause bleiben.“

Philipp guckt überrascht von seinem Handy hoch: „Wirklich?“

„Ja, wirklich.“ antwortet Max. „Die Sache hat aber einen Haken. Wenn du hier bleibst, musst du putzen: Das Klo, das Waschbecken und die Dusche.“

Jetzt guckt Philipp so, als hätte er gerade verdorbene Milch im Mund: „Echt jetzt?“

Eine halbe Stunde später sitzt er mit der Familie im Auto. Putzen macht noch viel weniger Spaß, als ein langweiliger Gottesdienst. Was er wohl zu folgendem Vers zu sagen hätte?

Wo aber der Geist des Herrn ist, da ist Freiheit.

2. Korintherbrief 3,17

Ein anfechtbarer Satz. Auch das Leben der Christen kennt die einengende Dringlichkeit des Alltags. Manche empfinden Gemeinde, in der doch der Geist des Herrn ist, mit ihren zusätzlichen Ansprüchen nicht gerade als frei machend. Eher im Gegenteil: Gemeinde bedeutet Arbeit, Freizeit und Druck. Die gegenteilige Erfahrung macht Paulus, weil er Freiheit anders definiert, als wir. Er versteht Freiheit nicht als Freiraum, in dem man tun und lassen kann, was man will. Freiheit meint also nicht frei von Verpflichtungen zu sein. Sie meint hier, frei zu sein *zu* etwas *hin*. Sie braucht ein Ziel, nämlich Gott. Frei zu sein meint, auf Gott hin zu leben. Dadurch gewinnt man eine andere Perspektive auf sein Leben – auch auf den Alltag. Das, was so dringlich erscheint, wird an seinen richtigen Platz gestellt. Eine neuer Horizont führt zu neuen Bewertungen. Was vermeintlich so wichtig ist, kann man entspannter angehen. Was im Hintergrund schlummerte, wird plötzlich wichtig.

In Deutschland gibt nichts Wichtigeres als den Beruf. Er ist ja auch wichtig. Man macht sich nützlich, trägt etwas zum gesellschaftlichen und privaten Wohlstand bei. Deshalb ist es eine so große psychische Belastung, wenn man keine Arbeit mehr findet. Man wird nicht mehr gebraucht, gehört zum Rand der Gesellschaft, für die keiner mehr Verwendung hat.

Es gibt aber mindestens eine Sache, die noch wichtiger ist, als der Beruf. Die Beziehung zu Gott. Sie ist deshalb wichtig, weil sie etwas Wesentliches über uns aussagt: Wir sind wertvoll, weil wir *sind*, nicht weil wir etwas *tun*. Auch unser Scheitern ist hier eingebettet. Unser Erfolg bestimmt nicht unsere Beziehung zu Gott. Weder im Beruf, noch im Privatleben. Unsere Beziehung zu Gott entscheidet sich daran, ob wir glauben können, dass Gott unser Vater sein will. Freiheit entsteht da, wo wir unseren Nutzen nicht mehr beweisen müssen, sondern wissen, dass wir wertvoll sind. Wir wissen es, wenn wir auf das schauen, was der Mann aus Nazareth getan hat: Er legte kühlend seine Hand auf die fieberkranke Stirn, berührte heilend die Unberührbaren, sprach mit denen, vor denen man ausspuckt. Den Gelähmten befreit er nicht aus der Gefangenschaft seines eigenen Körpers, sondern auch seiner Seele, als er ihm die Sünden vergibt. Wo aber der Geist des Herrn ist, da ist Freiheit. Der Herr möge sie uns schenken.

Ein neuer Morgen

Auf dem Camp für Jugendliche gibt es eine Sache, um die sich alle Teilnehmer reißen: Die Nachtwache. Die 10 bis 13 Jährigen aus einer Zeltgruppe sitzen von 2 bis 3 Uhr um das Lagerfeuer und essen Stockbrot. Es ist ein besonderes Abenteuer, mitten in der Nacht geweckt zu werden und zu wachen. Besonders begehrt ist die Zeit direkt nach der Bettruhe, weil man länger aufbleiben darf, als die anderen. Aber auch die letzte Nachtwache, weil man den Sonnenaufgang miterleben kann. Diese Zeit, in der es nochmal richtig kalt wird und man das Licht des neuen Morgens schon erahnen kann, weil sich die Schatten der Bäume vor dem Hintergrund abzeichnen. Dann ist der neue Morgen da.

Von so einer Situation schreibt Psalm 130. Allerdings nicht äußerlich, sondern innerlich:

Meine Seele wartet auf den Herrn mehr als die Wächter auf den Morgen.
Psalm 130,6

Wir können nachfühlen, dass der Wächter genug hat von der Nacht. Er sehnt sich nach dem Licht des neuen Tages. Er kann sich nicht in den Schlaf und die Träume flüchten wie die anderen. Er muss sie ertragen, die Dunkelheit. Sie dämpft seine Stimmung, legt sich wie ein schwerer Mantel auf das Gemüt.

Unsere Seele fühlt sich manchmal wie der Wächter, der sich nach dem Licht eines neuen Tages sehnt. Dieses Psalmwort zeigt deutlich, was Seele für einen Hebräer ist: der Schlund, das Organ der Bedürftigkeit. Durch den Schlund essen und trinken wir. Durch den Schlund atmen wir. Ein paar Wochen können wir ohne Nahrung überleben, ein paar Tage ohne zu trinken. Aber nur wenige Augenblicke ohne Luft zu holen.

Wir wissen auch, dass wir bedürftige Wesen sind. Wir kennen verzweifelte Situationen, Momente der Not. In unserer Bedürftigkeit rufen wir Gott an, damit er uns beistehe. Wir hoffen auf seine Hilfe, die uns aus der Tiefe zieht.

Aus diesen Zeilen spricht auch unsere Sehnsucht, dass ein neuer Morgen anbrechen möge. Denn am Tage sieht man klarer als in der Nacht. Am Tage wärmen die Strahlen der Sonne und vertreiben die Kälte. Unsere Seele braucht die wärmenden Strahlen Gottes.

Bis es Tag werden kann, müssen wir durch die letzte Finsternis, in der wir kein Licht mehr sehen. Bis dahin müssen Kerzen genügen, die immerhin ein wohlig warmes Licht verbreiten. Im Kerzenlicht sehen wir nicht so klar wie am

Tage. Wir sehen aber schattenhaft und undeutlich, was uns im Wege ist, damit wir uns nicht daran stoßen.

Wir warten auf den Herrn. Ein Wort, das nicht nur in die Adventszeit passt. Es ist Teil unseres Glaubens, dass wir nicht wissen, wann und in welcher Gestalt Gott uns begegnet. In einem Menschen? In einem Wort? In einer Geste?

Es bleiben dunkle Räume, die wir durchwandern und doch sind wir nicht verloren in Dunkelheit. Ein Streichholz, eine Geste und schon ist sie da, die Hoffnung auf Licht. Dann bricht er an, der neue Morgen.

Alles dunkel

In Annas Vorgarten steht eine kleine Tanne. Jedes Jahr geht sie raus und verkabelt den Baum. Sie schmückt ihn mit einer Lichterkette. Als sie dieses Jahr den Stecker in die Steckdose steckt, passiert – nichts. Keine bunten Lichter strahlen auf. Alles bleibt dunkel.

Anna seufzt. Sie weiß schon, was das Problem ist. Eine der Lampen ist kaputt. Sie geht ins Haus, holt die Ersatzlampen und tauscht sie bei der ersten Kerze aus. Es passiert immer noch nichts. Also Kommando zurück: Hier war alles in Ordnung. So geht es weiter, bis sie endlich das defekte Leuchtmittel gefunden hat. Nun erstrahlt alles wieder im gewohnten Lichterglanz.

Kleine Ursache – große Wirkung. Wenn eine Lampe in der Kette defekt ist, können die anderen nicht mehr leuchten.

Das kann man als Bild in unser Leben übertragen. In unserem Leben können Dinge so massiv zerbrochen sein, dass alle Lichter ausgehen, dass nichts mehr leuchtet. Da hat der Prophet Jesaja einen guten Rat:

Mache dich auf, werde licht; denn dein Licht kommt, und die Herrlichkeit des HERRN geht auf über dir!
Jesaja 60,1

Die Aufforderung klingt merkwürdig: „Mache dich auf, werde licht". Ursprünglich richtet sie sich an die geschundene Stadt Jerusalem. Zerbrochen und geschlagen liegt sie da, gedemütigt und in Trümmern. Der Prophet fordert sie auf: „Zünde ein Licht an und vertreibe die Dunkelheit." Das Licht steht für Gottes Macht, Neues zu schaffen, Zerbrochenes zu heilen und Hoffnung zu wecken.

Diese Worte kann man auch persönlich deuten. Es ist schlimm, wenn etwas in unserem Leben zerbricht und die „Lichter ausgehen". Noch schlimmer, wenn man daran zerbricht und verzagt aufgibt, denn das Zerbrochene kann wieder heil werden. Wenn Beziehungen zerbrechen, ist das schlimm. Noch schlimmer, wenn man sie vollends aufgibt, weil manche wieder heil werden können.

Der Prophet spricht die Sehnsucht an, die auch in uns steckt: Die Sehnsucht nach Ganzheit und Heil. Er macht uns Mut, dass es niemals zu spät ist, Fehler zu bereuen, Verletzungen zuzugeben, den sprichwörtlichen Beziehungsfaden wieder aufzunehmen. So wie Gott selbst den verloren geglaubten Faden zu uns wieder aufnimmt in dem Mann aus Nazareth. In seiner Nachfolge machen wir uns auf und werden Licht. Dann können wir das Licht Gottes kommen sehen und seine Herrlichkeit über uns.

Wieder nichts verkauft

Wieder nichts verkauft! Peter fährt niedergeschlagen nach Hause. Er arbeitet in einem Möbelhaus. Es hat alles so gut geklungen: Ein Grundgehalt und gute Provision bei jeder verkauften Couch-Garnitur. Leider läuft es nicht so, wie er sich das vorgestellt hatte. Die Konkurrenz ist groß, die Kunden nicht in Kauflaune. Peter fragt sich, wie es weitergehen soll. Wovon soll er seine Miete bezahlen, die Raten fürs Auto, den Strom? Und essen muss er auch noch. Das Grundgehalt reicht dafür bei weitem nicht aus.

So erfolglos, wie der Möbelverkäufer ist auch der Fischer. Die ganze Nacht war er draußen auf dem See Genezareth, hat aber nichts gefangen. Keine Fische, kein Einkommen. So einfach ist die Rechnung. Nachvollziehbar die existenzielle Angst des Erfolglosen. Doch da kommt der Wanderprediger Jesus, steigt in das Boot und fordert Petrus auf, noch einmal hinauszufahren, es noch einmal zu versuchen. Eigentlich aussichtslos: Am Tage wird man noch viel weniger Glück haben, als nachts. In seiner Verzweiflung greift Petrus nach jedem Strohhalm und sagt zu Jesus:

Auf dein Wort will ich die Netze auswerfen.
Lukas 5,5

Dieser Satz ist Ausdruck des Vertrauens. Petrus selbst glaubt nicht an den Erfolg, aber er spürt, dass die Worte des Mannes aus Nazareth nicht nur leeres Geschwätz sind. Dieser Mann hat etwas an sich, eine Autorität, die keinen Widerspruch duldet. Also fährt er noch einmal auf den See.

Was würden wir auf das Wort eines anderen hin tun? Auf das Wort unseres Ehepartners wahrscheinlich eine ganze Menge. Aber auf das Wort eines Fremden? Es ist ein Wagnis, zu vertrauen. Es wird nicht immer belohnt. Wenn man bei Ebay Kleinanzeigen einen Artikel im Vorfeld bezahlen soll, ist Vorsicht geboten.

Vertrauen ist ein Wagnis. Es kann enttäuscht werden oder belohnt. Reichlich. Das Boot des Petrus droht unter der Last der gefangenen Fische zu sinken. Er muss die anderen Fischer zu Hilfe rufen, damit die Netze nicht reißen und das Boot nicht sinkt.

Der Glaube ist ein Wagnis, das sich lohnt. Auf das Wort Jesu die Netze noch einmal auszuwerfen, kann in jedem Leben ganz Unterschiedliches bedeuten. Z.B. diesem Tag die Chance zu geben, dass er doch noch gut wird. Oder dem begonnenen Projekt, dass man es erfolgreich abschließen wird.

Was könnte es in Ihrem Leben sein?

Der Glaube versetzt Berge, sagt man. Aber nur, wenn wir ihn wagen.

Ein heikler Besuch

Klarissa steht mit gemischten Gefühlen vor Marias Haustür. Sie hatten gestern einen heftigen Streit und sind ohne ein versöhnliches Wort auseinander gegangen. Ihre Verabredung stand aber schon lange vorher fest. Nun ist sie unsicher: Soll sie klingeln oder wieder gehen? *Nun bin ich schon mal hier, also was soll's*, denkt sie und drückt beherzt auf den Klingelknopf. Es dauert eine Weile und Klarissa will erleichtert kehrtmachen, als die Tür einen Spalt weit aufgeht. Marias schmaler Kopf findet kaum Platz dazwischen. Die Überraschung steht ihr ins Gesicht geschrieben. Ist da auch eine Spur Unwillen?

„Jaaa?“, kommt es aus dem Türspalt.

„Hi“, sagt Klarissa. Sie weiß nicht weiter. Sie hatte sich die Worte so schön zurechtgelegt, doch nun ist ihr Kopf leer. Maria gibt keinen Zentimeter nach. Ihre Gestalt hinter der Tür wie hinter einem Schutzschild verborgen.

„Wir waren heute doch schon länger verabredet. Da dachte ich …“, stammelt Klarissa.

Maria schaut abwartend, jederzeit bereit, die Tür wieder zu schließen.

Einen letzten Versuch startet Klarissa: „Ich würde unsere gemeinsame Zeit vermissen.“

Sie senkt den Blick, will sich schon abwenden. Da öffnet sich die Tür. Marias Gestalt wird sichtbar. Sie tritt zur Seite. „Das würde ich auch. Komm erst mal rein. Ich koch‘ uns einen Tee."

Hinter den beiden schließt sich die Tür sanft und friedlich.

Wie Klarissa muss es auch den Jüngern gegangen sein, als sie von ihrem Meister ausgesandt wurden in die Dörfer Galiläas. Sie haben vermutlich mit gemischten Gefühlen an die Haustüren geklopft. Sie sollten nichts mitnehmen und auf die Gastfreundschaft der Bewohner hoffen. Wird man sie einlassen oder abweisen? Der Mann aus Nazareth gibt ihnen eine gute Strategie mit auf den Weg. Sie sollen das Haus und seine Bewohner segnen.

Wenn ihr in ein Haus kommt, so sagt als erstes: Friede diesem Haus!

Lukas 10,5

Eine gute Gewohnheit, Menschen unterwegs etwas Gutes zu sagen. Das tut nicht nur dem anderen gut, sondern auch dem Segnenden.

Das Gegenteil liegt uns näher. Oft hört man den Satz: „Es sind Fehler gemacht worden." Damit macht man Menschen klein, die diese Fehler gemacht haben und richtet den Blick auf die Defizite, auf das was nicht funktioniert. Dann sind die Gläser meist halb leer. Schade, denn sie sind ja auch halb voll. Gemeinschaftsstiftend ist der Satz: „Es ist Gutes passiert." Segnen statt fluchen. Das schafft gute Voraussetzungen für Begegnungen unterwegs.

Nicht immer sind wir es, die unterwegs sind. An unsere Tür wird auch geklopft. Fremde haben es oft schwer. Sie werden misstrauisch beäugt. Man erwartet von ihnen selten Gutes. Seit 2015 sind es immer mehr Menschen, die an die deutsche Haustür klopfen, und sie haben es schwer friedliche und gastfreundliche Aufnahme zu finden. Ein kleiner Anfang wäre, Ihnen statt misstrauisch mit einem freundlichen, mit einem segnenden Wort zu begegnen.

Aber was ist, wenn gar nichts hilft und die Herzen der Menschen kalt bleiben? Dann, so sagt der Mann aus Nazareth, kann man sich aus dem Staub machen. Man muss sich nicht jeder Situation aussetzen, die nicht guttut. Auch nicht jedem Menschen. Dann geht man weiter zum nächsten Haus, denn die anderen gibt es ja auch: Gastfreundliche Menschen, die unseren Gruß freundlich erwidern. Dort können wir bleiben.

Hasskommentare

Luisa ist in der Jugendstunde auffallend ruhig. Sie wirkt geradezu bedrückt. Ihre beste Freundin Vanessa findet heraus, warum. Jemand hat ihr einen Hasskommentar geschickt. Natürlich anonym. Es könnte ihr egal sein, aber die Worte haben Wirkung. Luisa fühlt sich ganz schlecht.

Vanessa hat eine Idee. Spontan ruft sie die Jugendlichen dazu auf, einander zu sagen, was sie gut am anderen finden. Der Jugendleiter findet die Idee gut. Es wird ein richtig ermutigender Abend. Selten hört man etwas Gutes über sich, was auch noch stimmt. Selten denkt man darüber nach, was einem am anderen gefällt. Nach dieser Erfahrung geht es Luisa schon viel besser. Am Ende rundet der Jugendleiter den Abend mit folgendem Satz aus der Bibel ab:

Eure Rede sei allezeit freundlich und mit Salz gewürzt.
Kolosserbrief 4,6

Dieser Satz richtet sich an Menschen in der Gemeinde. Man kann ihn missverstehen: Freundlich bedeutet nicht friedlich und höflich. Dann wird die Stimmung genau so: friedhöflich. Fade soll sie nicht sein, die Freundlichkeit, sondern mit Salz gewürzt. Das Gespräch wird interessant, bekommt

Geschmack. Ob man es glaubt oder nicht: Man kann auch ein kritisches Gespräch freundlich führen, sodass man sich danach noch in die Augen sehen kann.

Gemeint ist hier nicht nur der alltägliche Umgang, sondern auch das Gespräch über den Glauben. Viele empfinden das als langweilig. Warum? Weil man selten über die „gewürzten" Dinge spricht. Interessant wird es, wenn man darüber redet, wo man an seine Grenzen stößt und der Glaube anfängt, wo man zweifelt und sich plötzlich getragen fühlt. Weniger suchen zu überzeugen. Dafür mehr bezeugen. So entdecken die Menschen durch unsere Rede vielleicht den Schatz, der unter dem Acker verborgen liegt und kratzen alles zusammen, um ihn zu bekommen.

Ich wünsche uns einen Umgang, der allezeit freundlich aber auch interessant ist und Wege eröffnet, die breit genug sind, dass mehrere Menschen auf ihm nebeneinander gehen können.

Tempel

Der Tempel in Jerusalem hat bis heute überragende Bedeutung in der jüdischen Religion. Hier wird das Unsichtbare sichtbar. Hier kommt der unerreichbare Himmel so nahe, dass man meint, ihn mit Händen greifen zu können. Die Unstetigkeit der Suche nach dem Heiligen sollte aufhören. Der Tempel sollte der Bundeslade eine ständige Heimat geben. In ihr wurden die Gesetzestafeln aufbewahrt und die Erinnerung daran, dass Gott zu uns redet.

Bekanntlich ist der Tempel als Wohnort Gottes unter der Herrschaft Salomos errichtet worden. Zur Einweihung wird ihm ein langes Gebet zugeschrieben und in diesem Gebet findet sich folgender Satz:

Du allein kennst das Herz aller Menschenkinder.
1. Könige 8,39

Der Tempel steht für das Äußerliche und Sichtbare der Religion. Er gibt ihr Form im Kult und Gestalt in der Architektur. Trotzdem wendet sich der Betende dem Inneren zu. Jeder Mensch hat ein Herz, das 60 mal pro Minute schlägt. Und doch schlägt jedes Herz anders. Es ist heute Sitz des Gefühls. Wir lieben mit unseren Herzen. Damals hatte man die Vorstellung, dass im Herzen alles zusammenkommt, was einen Menschen ausmacht: Verstand, Gefühl, Intuition. Das Herz steht für die Essenz. Und Gott kennt dein Herz: Deinen zur Schau getragenen Gleichmut genauso wie deine tief verborgene Angst.

Hier tut sich ein merkwürdiger Kontrast auf. Einerseits das Äußere: Der Tempel Gottes als sichtbares und greifbares Zeichen seiner Gegenwart. Andererseits das Innere: Das Herz eines Menschen, das niemand vollständig ergründen kann, außer Gott. Religion ist das, was man äußerlich sieht. Glaube entsteht im Innern. Vielleicht will Salomo davor warnen, beides miteinander zu verwechseln.

Natürlich brauchen wir äußere Zeichen und Symbole, an denen der Glaube emporwachsen kann wie der Sprössling an einem Bambusstock. Dann ist Religion als Stütze hilfreich. Sie kann aber auch zur Isolierschicht werden. Wenn es z.B. nicht mehr darauf ankommt, wie mir Gott im Gottesdienst begegnet ist, sondern ob die richtigen Lieder gesungen wurden und die Predigt „rechtgläubig“ war. Dann stützt Religion nicht, sondern schlägt und verletzt. Verwechseln wir also nicht Religion mit Glauben. Auf den Glauben kommt es an.

Gott kennt das Herz eines jeden Menschen. Und wir? In diesem Satz versteckt sich ein Angebot. So als wollte Salomo sagen: Zu nichts anderem ist der Tempel da, als dass du Gott begegnest und lernst, ihm zu vertrauen. Bis heute ist es so. Alles was in der Gemeinde geschieht soll uns mit Gott in Verbindung bringen. Aus dem kleinen Sprössling des Glaubens soll ein Baum werden gepflanzt an Wasserbächen, der seine Frucht bringt und dessen Blätter nicht verwelken.

Treu

Gott ist treu.

1. Korintherbrief 1,9

Wenn wir das Wort „Treue“ hören, denken wir meist „Verlässlichkeit“ mit. Auf Gott kann man sich verlassen. Wenn man in einer Krise steckt, ist Gott da und tröstet. In schweren Stunden wenden wir uns an ihn, damit er uns Kraft gibt. Dann preisen wir ihn als treu, denn er hat zu uns gehalten.

Manche bekommen aber auch Bauchschmerzen, wenn sie diese Verse lesen. Sie haben sich in ihrer Not auch an Gott gewandt, aber er hat nicht geantwortet. Eine Frau erzählt: „Wenn ich wieder in der dunklen Jahreszeit in Depressionen verfalle, wende ich mich an Gott. Aber ich habe das Gefühl, das Gebet reicht nur bis zur Decke. Gott schweigt sich aus und ich bin ganz allein.“

Was soll man dieser Frau antworten? dass ihr Empfinden nicht stimmt oder sie nicht fest genug glaubt? Es ist ein sehr zerbrechlicher Glaube, wenn er allein darauf baut, dass Gott uns vor Katastrophen bewahrt. Jeder wird die bittere Erfahrung machen müssen, dass wir beten und Gott das Unglück nicht verhindert.

Schaut man sich das Leben des Paulus an, der diesen Satz sagt, wundert man sich. Er hat im wahrsten Sinne des Wortes viel Prügel in seinem Leben einstecken müssen. Trotzdem behauptet er, Gott sei treu. Warum?

Paulus hat nicht deutsch gesprochen, sondern griechisch. Während wir mit dem Wort Treue Verlässlichkeit, Dauerhaftigkeit und Beständigkeit verbinden, bedeutet dieses Wort im Griechischen auch Glaube oder Vertrauen. Gott ist also nicht nur treu im Sinne von zuverlässig, sondern er ist der Gott, an den wir glauben und dem wir vertrauen. So kann man vielleicht ehrlich sagen: „Meine Gebete reichen nur bis zur Decke und ich spüre die Nähe Gottes nicht mehr.“ Aber man kann ergänzen: „Trotzdem halte ich im Glauben an ihm fest. Ich vertraue darauf, dass er trotzdem da ist.“

Das ist natürlich eine sehr persönliche Aussage, die nur jeder für sich selbst treffen kann. Aber wie finde ich zu so einem Vertrauen? Paulus gibt den entscheidenden Hinweis in der Fortsetzung dieses Verses aus dem 1. Korintherbrief. Da gibt es einen Menschen, der sein Vertrauen auf Gedeih und Verderb auf Gott gesetzt hat. Er hat in so radikaler Weise aus Gottes Kraft und in seiner Gegenwart gelebt, dass er dafür sogar den Tod in Kauf genommen hat. Selbst der Tod, so würde er wohl sagen, kann nicht schlimmer sein, als diesen Raum der Liebe und Nähe Gottes zu verlassen. Selbst im Tod kann man sich ihm anvertrauen. Gerade in dieser dunkelsten Stunde seines Lebens hat sich Gottes Treue gezeigt. Das Kreuz ist nicht das Ende, sondern der Anfang von etwas Großem. Auch für uns.

Genügend Platz

Ich gehe gerne in die Therme. Ich mag das warme Wasser. Es kann gar nicht heiß genug sein. Obendrein tut es meiner Haut gut. Eine Sache aber nervt mich gewaltig. Jedes Mal. Wenn ich reinkomme, sehe ich sie schon: Die Handtücher. In deutscher Akkuratesse über jedem verfügbaren Liegestuhl faltenlos ausgebreitet in allen Größen und Farben. Alle Liegestühle sind besetzt, aber niemand liegt drauf. Es ist paradox: Man findet keinen Platz, obwohl genügend Platz da ist.

Das hat mehr mit folgendem Bibelvers zu tun, als man auf den ersten Blick denkt:

Dient einander als gute Verwalter der vielfältigen Gnade Gottes, jeder mit der Gabe, die er empfangen hat.
1. Petrusbrief 4,10

Die Gemeinde, an die der Autor des 1. Petrusbriefes schreibt, ist in einer heiklen Situation. Sie wird angefeindet, weil sich ihre Mitglieder aus der Gesellschaft zurückziehen. Sie machen nicht mehr bei den großen Festen mit, beteiligen sich nicht an den üblichen Opfern, verweigern der Obrigkeit ihren Respekt. Das ist nicht ungefährlich.

Nun könnte die Empfehlung sein: Sichert euch ab. Igelt euch ein. Seht zu, dass ihr euch unangreifbar macht. Oder in unserem Bild gesprochen: Sichert euren Platz, bevor ein anderer ihn euch wegnimmt. Das ist jedenfalls die Reaktion, die uns nahe liegt.

Erstaunlicherweise empfiehlt der Autor das genaue Gegenteil: Seid solidarisch und hilfsbereit. Dient einander mit euren Gaben. Im Bild gesprochen: Anstatt euren Platz auf den Liegestühlen zu sichern, vertraut darauf, dass genügend Platz da sein wird, wenn ihr ihn braucht.

Daran können wir uns in diesen Tagen ein Beispiel nehmen: Egoismus verschärft die Krise nur. Einzelne Menschen horten Toilettenpapier und Konserven für Monate. Alle anderen gehen leer aus. Würde jeder so viel kaufen wie immer, würde es für alle reichen.

Genau das hat der Autor unseres Briefes verstanden: Die Gnade Gottes ist vielfältig und wir haben sie empfangen. Sie ist dazu da, ausgeteilt zu werden. Jeder soll seinen Platz bekommen in dieser Welt.

Diese Botschaft ist Ostern: Aus Verzweiflung wird Hoffnung, aus Angst wird Mut, aus Schande wird Herrlichkeit. Und schließlich: Aus Tod wird neues Leben. Das ist es, was Gott für uns will.

Der Autor erinnert seine Leser an die Fülle des Glaubens, damit sie von den Bedrohungen und zerstörerischen Kräften ihrer Umgebung nicht verschlungen werden. Lassen wir uns diesen Eindruck von Ostern nicht zu schnell rauben und halten fest, worauf es ankommt: Solidarität, Hoffnung und Mut, damit jeder einen Platz hat auf dieser Welt.

Abgewichen

Vor langer Zeit wurden die Väter und Mütter der Israeliten in ein fremdes Land verschleppt. Nun dürfen sie zurück und bauen ihre Heimat wieder auf. Als sie den Tempel vom Staub und Gerümpel der letzten 70 Jahre befreien, fällt ihnen eine alte Gesetzesrolle in die Hände. Sie lesen und stellen fest, dass ihr Glaubensleben ganz anders aussieht, als es eigentlich sein sollte. Sie sind vom richtigen Pfad abgewichen. Alle sind darüber sehr betroffen. Sie fragen sich: Wenn wir die Gebote Gottes gar nicht halten, was ist unser Glaube dann noch wert?

Die Antwort der Bibel:

Seid nicht bekümmert; denn die Freude am HERRN ist eure Stärke.

Nehemia 8,10

Seid nicht bekümmert! Die äußeren Umstände sind gar nicht so wichtig. Es kommt auf die innere Haltung zu Gott an. Wenn ihr Gott von ganzem Herzen liebt, dann ist er eure Stärke!

Diese Antwort gilt heute immer noch: Man kann jeden Sonntag den Gottesdienst besuchen, ohne je eine echte Beziehung zu Gott aufgebaut zu haben. Man geht hin wegen der Gemeinschaft, der Tradition oder um sich als Gemeindevorstand sehen zu lassen. Manchmal lassen wir uns verleiten von Ansprüchen, die andere an uns stellen. Da kann die äußere Erfüllung von Vorschriften wichtiger sein als das, was in unserem Herzen lebt.

Dieser Vers sagt etwas anderes. Das Innere ist wichtiger als das Äußere. So hat der Mann aus Nazareth gelebt. Er hatte Mitleid mit den Menschen, die von der Gesellschaft an den Rand gedrängt und verloren gegeben wurden. Er hat die Gebeugten wieder aufgerichtet, den Umherirrenden wieder Sinn und Ziel gegeben. Das hat die Frommen von damals so sehr erbost, dass sie seinen Tod beschlossen haben. Trotzdem hat Jesus weitergemacht, weil er diesen Vers geglaubt hat. Er glaubte daran, dass die Freude am Herrn seine Stärke ist – und wir sollen es auch glauben. Ich wünsche es Ihnen.

Die Philister kommen

Der Prophet Samuel hat vor etwa 3000 Jahren das Volk Israel versammelt. Die Philister sind ihre größte Bedrohung, weil sie bessere Waffen haben, sie von ihren Äckern vertreiben und regelmäßig die Ernte abräumen. Der Prophet verdichtet das Problem darauf, dass die Israeliten von Gott abgefallen sind und bietet folgende Lösung an:

Wendet euer Herz wieder dem Herrn zu und dient ihm allein.
1. Samuel 7,3

Heute würden die meisten wohl sagen: Diese Antwort taugt zu gar nichts. Ein typisch christlicher Ratschlag, der zwar gut klingt, aber nichts bewirkt.

Dabei hat diese Aufforderung eine Aktualität und Weisheit, die man nicht hoch genug einschätzen kann. Martin Luther hat es auf die Formel gebracht: „Woran du aber dein Herz hängst, das ist dein Gott." Es geht nicht darum, dass man die falsche überweltliche Wesenheit verehrt. Gott ist das, wonach du dich am meisten sehnst und strebst. Wofür du deine ganze Kraft, deinen ganzen Verstand und all dein Können einsetzt. Was ist das in deinem Leben? Dein Gott oder vielmehr dein Götze –

das kann auch etwas ganz Konkretes und Greifbares sein, dem man göttliche Qualität zuschreibt.

In einem Comic wurde das einmal so dargestellt: Ein junger Mann läuft mit angestrengtem Gesicht und ausgestreckten Armen eine Landschaft entlang. Vor ihm schwebt eine Wolke aus Geldscheinen, die er zu ergreifen sucht. In weiteren Bildern wird sein Gesichtsausdruck immer angestrengter, während er der Wolke aus Geldscheinen immer näher kommt. Auf dem letzten Bild hält er die Geldscheine endlich fest an den Körper gedrückt. Er ist inzwischen alt geworden. Die Landschaft vor ihm bricht ab und es öffnet sich eine tiefe Schlucht ohne Boden. Verwundert und ängstlich, vielleicht auch enttäuscht blickt er hinab.

Das Bild will sagen: Wir laufen angestrengt falschen Verheißungen auf Erlösung nach, z.B. Reichtum, Karriere und beruflichem Erfolg. Erlangt man sie, halten sie nicht, was sie versprechen. Wenn man das endlich herausfindet, kann es zu spät sein, und das Leben ist vertan.

In diesen Kontext gestellt bekommt der Satz des Propheten Samuel einen sehr konkreten und tiefen Sinn. Alle Erfolge diesseits des Jordan können niemals den Glauben an einen Gott ersetzen, der uns ursprünglich in einen Garten gesetzt hat voller Bäume, von deren Früchten gut zu essen wäre. Gott ist die unbedingte Bejahung unseres Lebens und die Berechtigung hier sein zu dürfen. Wenn wir unsere Herzen dieser Vorstellung zuwenden, also daran glauben, werden wir frei. Dienen wir Gott, dienen wir dem Leben selbst. Was könnte es Schöneres geben?

Ohne Konkurrenz?

Es ist keiner wie du, und ist kein Gott außer dir.

2. Samuel 7,22

Dieser Vers ist ein Statement der Intoleranz. In der antiken Welt hatte jedes Volk seine eigenen Staatsgötter. Ihre Macht reichte bis an die Grenze ihres Einflussbereichs, aber nicht darüber hinaus. Je mächtiger das Volk, desto mächtiger ihr Gott. Nicht nur Babylon, Ägypten, Israel oder Edom ringen um die Vorherrschaft über das Land, sondern die Götter tun das auch. Wer den Kampf gewinnt, dessen Gott ist stärker. So einfach.

Vor diesem Hintergrund ist die Behauptung unseres Verses wie eine Ohrfeige: Es gibt nur den einen Gott? Niemand ist wie er? Diese völlig fremde Vorstellung war damals schwer zu verdauen.

Und sie ist es heute immer noch! Natürlich glauben wir monotheistisch. Für uns ist selbstverständlich, dass es nur einen Gott gibt. Er hat keine Konkurrenz. Oder doch?

Woran wir wirklich glauben, kann man daran ablesen, wie wir unsere Städte bauen. Welche Gebäude stehen im Zentrum und welche verlagern wir an den Rand? Was werden Archäologen wohl für Schlussfolgerungen daraus ziehen, wenn sie in 1.000 Jahren eine Stadt von heute ausgraben? Es gibt auch heute noch Tempel und prunkvolle „Kirchenbauten“. Die Gottesdienste, die man darin täglich feiert, gelten aber nicht dem Gott, von dem hier die Rede ist. Jemand hat gesagt, um unsere heutige Zeit zu beschreiben: „Wir kennen von allem den Preis, aber nicht mehr den Wert.“

Wir verehren den Erfolg, Luxusartikel, den Sport, einen gesunden Körper. Sie werden uns zu Göttern, von denen wir uns ein glückliches Leben versprechen. Sie treten in Konkurrenz zu dem, der ist wie niemand sonst. Es ist viel leichter, sich den Dingen zuzuwenden, die man begreifen kann. Im doppelten Sinne mit dem Verstand und mit den Händen: Mein Haus, mein Garten, mein Auto, mein Asienurlaub. Alles nachzulesen auf Facebook. Es ist viel schwerer auf etwas zu vertrauen, was wörtlich über unseren Verstand geht. Zu nebulös. Nicht begreifbar – wieder im doppelten Sinne.

Trotzdem tun es Menschen. So wie König David, der diesen Vers sagt. Er hat wie kaum ein zweiter erleben müssen, dass Macht und Reichtum nur sehr fragwürdige Sicherheit und Glück bieten. Sein Leben ist ein ständiger Wechsel aus Erfolg und Versagen, Glanz und Dunkelheit. Und für viele Krisen ist er sogar selbst verantwortlich. Er erkennt – und darin liegt das

Vorbildhafte seines Lebens – dass Gott allein unser Vertrauen rechtfertigt und die Hoffnung, dass unser Leben gut wird.

Das ist die Erfahrung aus vielen Menschenleben nach David bis heute. Gott für dich und mich. Das ist ein Fundament, auf dem man aufbauen kann.

Bogen in den Wolken

Die Sintflut: Eine merkwürdige Geschichte voller Fragen, aber mit einem erstaunlichen Ergebnis:

Gott spricht: Meinen Bogen habe ich gesetzt in die Wolken; der soll das Zeichen sein des Bundes zwischen mir und der Erde.
1. Mose 9,13

„Gott hört und sieht alles!“ Mit diesem Satz kann man einem echt Angst machen. Gott kann einem echt Angst machen. Oder präziser: Ein bestimmtes Bild von Gott. In der Antike hat man Götter verehrt wie Ares, den Gott des Krieges, der mit Schild, Helm und Speer bewaffnet seine Gegner niederstreckt. In der römischen wie griechischen Mythologie fahren sie auf den Streitwagen und sind bewaffnet mit Bogen und Schwert. Zeichen der Macht und Gewalt. Zeichen ihrer Überlegenheit. Vor ihnen hat man sich wie vor Königen zu beugen und zu fürchten. Dieses alte Götterbild ist der Ausgangspunkt der Sintflutgeschichte: Pass auf, dass du alles richtig machst, sonst spülen sintflutartige Wassermassen auch dich hinfort. Es ist der Anfang – aber nicht ihr Ende. Am Ende steht unser Vers aus dem 1. Buch Mose: Gott legt das

Zeichen des Krieges, den Streitbogen nicht auf Menschen an, um sie mit Pfeilen niederzuzwingen in seine Gefolgschaft. Er deutet ihn um und setzt ihn in die Wolken als buntes Zeichen der Versöhnung und Zuwendung. Aus einem Gott der Angst wird ein Gott des Bundes zwischen ihm und den Menschen. Zu dieser erstaunlichen Erkenntnis sind die Menschen gekommen inmitten einer Angst machenden Götterwelt. Der Name Gottes lautet JHWH. Ausgesprochen heißt dieses Tetragramm: Jahwe. Oder auf deutsch: „Ich bin für dich da." Gott schenkt uns das Leben, nicht damit wir in ständiger Angst und Selbstzweifeln über diese Erde irren, immer in der Gefahr in einem unbarmherzigen Strudel des Lebens hinabgezogen zu werden in die die Tiefe. Wir sollen erhobenen Hauptes und mit geradem Rücken unseren Weg gehen. Der Bogen am Himmel soll das ständige Erinnerungszeichen sein für Gott mit uns.

Dieses positive Bild von Gott greift Jesus auf, wenn er in der Bergpredigt sagt: „ Sorgt euch nicht um euer Leben, was ihr essen und trinken werdet; auch nicht um euren Leib, was ihr anziehen werdet. Ist nicht das Leben mehr als die Nahrung und der Leib mehr als die Kleidung? Seht die Vögel unter dem Himmel an: Sie säen nicht, sie ernten nicht, sie sammeln nicht in die Scheunen; und euer himmlischer Vater ernährt sie doch. Seid ihr denn nicht viel kostbarer als sie?" Jesus will damit sagen, dass unser Leben in den Händen Gottes steht, der es gut mit uns meint. Wir sind nicht einem zufälligen Schicksal ausgeliefert, das uns hineingeworfen hat in diese Welt und im nächsten Moment wieder über uns hinweggeht, als hätte es uns nie gegeben. Der Bogen am Himmel ist das Zeichen der Fülle des Lebens. Er soll auch über deinem Leben stehen und dir den Reichtum des Lebens offenbaren.

Schulden

In der Antike gab es eine merkwürdige Einrichtung – den Schuldturm. Konnte man seine Schulden nicht bezahlen, wurde man da hineingeworfen, bis ein Verwandter kam und die Schulden bezahlte. Der wurde für den Unglücklichen zum Löser oder Erlöser.

Auf diese Praxis geht Hiob ein, wenn er sagt:

Aber ich weiß, dass mein Erlöser lebt.
Hiob 19,25

Hiob klagt seinem Freund Bildad sein Leid. Er musste Schicksalsschläge erdulden. Sein Körper ist von Krankheit gezeichnet. Seine Kinder sind tot, seine Frau hat ihn verlassen. Er hat keine Hoffnung mehr. Hiobs Leben ist zu einem Gefängnis geworden oder zu einem Schuldturm.

Da taucht plötzlich dieser Satz auf wie aus dem Nichts. Es gibt einen, der ihn erlösen und aus seiner schlimmen Lage befreien wird. Es gibt einen Schimmer am dunklen Horizont wie die Ankündigung eines neuen Tages nach der Nacht. So plötzlich jemand kommt, einen Unglücklichen aus dem Schuldturm zu befreien, wird ihn jemand aus dem Staub erheben. Wie aus dem Nichts hat Hiob Hoffnung auf Gottes

Nähe und dass er nicht völlig verlassen ist: „Ich weiß, dass mein Erlöser lebt."

Diesen Satz hat man im Christentum auf Jesus Christus gedeutet. Er ist der Erlöser, der unsere Schulden bezahlt, damit wir aus dem Gefängnis, dem Schuldturm herauskommen. Und Jesus führt diesen Gedanken der Erlösung in einem Gleichnis weiter: Da gibt es einen Verwalter, der das Geld seines Herrn veruntreut hat. Es ist so viel, dass er es niemals zurückzahlen kann. Ihm wird seine Schuld erlassen. Kaum tritt er vor die Schwelle des Hauses seines Herrn, begegnet er einem, der ihm ein paar Euro schuldet. Den lässt er in den Schuldturm werfen, bis er sie bezahlt hätte. Das kommt dem Herrn zu Ohren. Daraufhin lässt er seinen untreuen Verwalter ebenfalls festnehmen und in den Schuldturm werfen.

Jesus will sagen: Wir alle sind Schuldner. Vielleicht nicht in harter Währung, aber in den Beziehungen unseres Lebens. Wir bleiben einander vieles schuldig: Liebe, Verständnis, Hilfe. Unsere Hartherzigkeit klagt uns voreinander an und vor Gott. Würden wir begreifen, was wir bei anderen anrichten, säßen wir wohl neben Hiob im Staub voller Verzweiflung über uns selbst. Stattdessen verdrängen wir, urteilen und werten ab, um uns gut zu fühlen.

Dieser Satz des Hiob und die Hoffnung, die in ihm steckt, dürfen wir uns zu eigen machen: Es gibt den Erlöser, der uns aus dem Gefängnis unserer Hartherzigkeit und des Leids befreit. Sehnt sich nicht insgeheim unser Herz in unserer Brust danach? Ein Leben ohne Schulden. Ein Leben, in dem es Erlösung gibt. Jesus sagt: Wir sollen es bekommen.

Empathie

Es gibt das schöne Wort Empathie. Darunter verstehen die meisten eine besondere Sensibilität. Eine Fähigkeit, sich in andere Menschen besonders gut einfühlen zu können. Doch was sagt eine solche Definition schon aus? Sie bleibt unscharf, schwammig, nebulös. Wie genau funktioniert dieses Einfühlen? Wie lernt man Empathie?

Ich hörte mal eine Definition, die Licht ins Dunkel bringt: Empathie ist genaues Hören. Das passt zum Monatsspruch im Juli.

Ein jeder Mensch sei schnell zum Hören, langsam zum Reden, langsam zum Zorn.
Jakobus 1,19

Einmal verabredete ich mich mit jemanden auf eine bestimmte Uhrzeit: „Wir treffen uns viertel Sieben“, sagte ich.

Zur verabredeten Zeit wartete ich und wartete, aber meine Verabredung tauchte nicht auf. Inzwischen war es bereits nach Sieben. Also nahm ich das Handy und rief an: „Wo bleibst du denn?“

„Wie, wo ich bleibe? Ich habe doch noch eine dreiviertel Stunde Zeit.“

Nach einigem hin und her klärte sich das Missverständnis. Viertel Sieben bedeutet 18:15 Uhr. Meine Verabredung hatte aber verstanden: Viertel *nach* Sieben, also 19:15 Uhr. Wir trafen uns dann doch noch und es wurde eine wunderbare Begegnung.

Solche kleinen Missverständnisse gehören zum Leben dazu. Inzwischen hat sich herumgesprochen, dass beim Gegenüber oft nicht das ankommt, was man eigentlich sagen wollte. Ein unsichtbarer Filter kann im Extremfall dafür sorgen, dass man etwas in den „falschen Hals“ bekommt. Hier ist Empathie, also genaues Hören gefragt. Vielleicht hatte der Psychologe Carl Rogers sogar unseren Monatsspruch im Hinterkopf, als er empfahl, seinem Gesprächspartner noch einmal zu wiederholen, was man verstanden hat. So lassen sich Missverständnisse vermeiden.

Empathie ist genaues Hören. Das ist der Schlüssel, um einander besser zu verstehen. Hier können wir von Jesus aus Nazareth lernen. Immer wieder begegnet er Menschen, die an einer schlimmen Krankheit leiden. Er heilt sie aber nicht sofort, sondern fragt erst nach: „Was willst du, dass ich dir tue?“ oder „Willst du gesund werden?“ Eine komische Frage. Es ist doch offensichtlich, was getan werden muss. Trotzdem handelt Jesus nicht über die Köpfe der Menschen hinweg.

Vielleicht wollen sie gar nicht das Offensichtliche, sondern haben eine viel tiefere Not.

Bevor wir schnelle Lösungen präsentieren, beurteilen und einteilen, sollten wir ernsthaft zuhören. Was bewegt den anderen? Warum hat er so gehandelt und nicht anders? Was lebt in seinem Herzen?

Einander hören und verstehen – das ist der Schlüssel zu einer Gemeinschaft der Herzen.

Stadt

Stellt euch vor, eure Heimatstadt wird von einer fremden Macht überfallen und erobert. Die Eroberer klopfen an jede Haustür und zwingen die Bewohner, mit ihnen in ihr weit entferntes Land zu ziehen. Dort sollen sie unter fremder Aufsicht ein neues zu Hause finden.

Das ist den Bewohnern Jerusalems vor ungefähr 2.600 Jahren passiert. Sie schauen auf zu fremden Sternen und fragen sich, wann sie wieder zurückkehren dürfen in ihre wahre Heimat. Wird es Monate dauern oder gar Jahre?

Während sie noch darüber grübeln, ergeht folgendes Wort des Herrn durch den Propheten Jeremia an die Juden im Exil:

Suchet der Stadt Bestes und betet für sie zum Herrn; denn wenn´s ihr wohl geht, so geht´s auch euch wohl.
Jeremia 29,7

Das ist nicht das, was sie hören wollten. Jeremia ent-täuscht sie. Buchstäblich. Er nimmt die Täuschung von ihnen, der sie geglaubt haben. Sie sollen sich häuslich einrichten, Häuser bauen, Gärten pflanzen, heiraten und Kinder kriegen, weil sie an diesem fremden Ort sehr lange bleiben werden.

Unsere Situation ist nicht unähnlich der vor 2.600 Jahren. Wir glaubten, die Einschränkungen des gemeinschaftlichen Lebens wären nur eine kurze Episode, die das Frühjahr beherrscht, vielleicht noch den Sommer. Aber wir müssen uns darauf einstellen, dass die Einschränkungen uns noch Monate, vielleicht sogar Jahre begleiten werden. Wir müssen uns häuslich einrichten in dieser neuen und bedrohlicher gewordenen Welt, in der jederzeit jeden die Krankheit treffen kann.

Es ist unpopulär was Jeremia zu seinen Landsleuten sagt, aber sie haben seine Worte beherzigt, wie die Geschichte zeigt. Sie haben in der Fremde Wurzeln geschlagen. Bis heute staunen die Kulturhistoriker, dass es den Juden im Exil gelungen ist, ihre eigene Identität zu bewahren. In dieser krisenhaften Zeit haben sie einen ganz neuen Zugang zu Gott gefunden, ohne den Tempel als Mittelpunkt und Wohnort Gottes. Die Krise hat Veränderungen möglich gemacht, die in dem ruhigen und geordneten Leben Jerusalems nicht denkbar gewesen wären.

Suchet der Stadt Bestes. Diese Aufforderung Jeremias können wir für uns heute übersetzen, diese Krise aktiv anzugehen. Statt uns ängstlich zurückzuziehen, können wir das Leben bejahen. Gott offenbart sich plötzlich nicht nur im Gottesdienst vor Ort, sondern im Livestream am Bildschirm.

Vielleicht wird Reich Gottes sichtbar, weil man das Telefon wieder häufiger benutzt und mit Leuten spricht, die man seit Jahren nicht mehr gesehen hat. Plötzlich lernt man ganz neue Leute im virtuellen Gesprächsraum kennen. Hoffentlich gewinnen wir eine neue Tiefe zu leben angesichts der „neuen Normalität“. Ich wünsche es uns.

Steine schreien

Jesus reitet auf einem Esel in Jerusalem ein. Seine Jünger jubeln ihm begeistert zu. Schon sind die Pharisäer zur Stelle und weisen Jesus zurecht: Die Jünger dürfen das nicht. Es ist Gotteslästerung. Sie haben kein Recht, dem Friedensbringer zuzujubeln, der da auf einem Esel angeritten kommt, weil es nicht zu ihren vorgefertigten Glaubenssätzen passt. Und Jesus? Wie reagiert er darauf?

Jesus antwortete: Ich sage euch: Wenn diese schweigen werden, so werden die Steine schreien.
Lk 19,40

Immer schon hat man vernünftige Argumente gefunden, um Krieg, Gewalt und Terror zu rechtfertigen. Man kann schon aus pragmatischen und nachvollziehbaren Gründen auf sie nicht verzichten: Man braucht eine Armee zur Verteidigung des Landes. Auf die Spitze treibt es die NRA, die Waffenlobby in den USA. Nach jedem Anschlag wird sie nicht müde zu sagen: Die Antwort sind nicht weniger, sondern mehr Waffen. Wenn der Ladenbesitzer eine hätte, könnte kein Räuber seinen Laden mehr ausrauben.

Was hat das mit den schreienden Steinen zu tun?

Es ist ein prophetisches Wort, das Jesus hier sagt. Die Steine „werden" schreien. Das ist ein Hinweis auf die Zukunft. In den nächsten Zeilen wird berichtet, dass Jesus über Jerusalem weint. Die Stadt des Wohnortes Gottes wird zerstört werden durch Krieg und Gewalt. Kein Stein wird auf dem anderen bleiben. Sie werden zum Himmel schreien.

Es hätte eine bessere Lösung gegeben. Jesus hat sie gezeigt, als er auf dem Esel statt einem Streitross in die Stadt einritt. In unsere heutige Zeit übersetzt: Jesus ist mit einem Fiat Panda in die Stadt gefahren, statt in einem Panzer. Das Heil kommt nicht mit Gewalt. Es kommt mit Gewaltlosigkeit. Jesus schlägt eine einfache Lösung unserer Konflikte vor: Miteinander Reden statt übereinander. Einander zuhören, statt weghören.

Das klingt einfach, ist aber sehr schwer. Es erfordert Vertrauen. Man müsste für möglich halten, dass es unter unseren vermeintlichen Feinden Menschen gibt, die nicht nur die „Sprache der Gewalt" verstehen, wie Friedensnobelpreisträger Barack Obama behauptete. Bis heute sieht man sie nicht. Besonders nicht im christlichen Abendland.

Wie lässt sich verhindern, dass im Jemen, in Syrien und Afghanistan die Steine schreien? Ein erster Schritt wäre, von unseren pragmatischen und vorgefertigten Antworten Abstand zu nehmen. Wir müssten nur einmal selbst eine andere

Sprache versuchen. Die Sprache Jesu, die Menschen vom Boden aufrichtet und auf ihre eigenen Füße stellt oder ihnen die Augen öffnet. Wenn wir von ihm das lernen würden, wäre Heilung möglich.

Sorge

Sorgt euch nicht um euer Leben, was ihr essen und trinken werdet; auch nicht um euren Leib, was ihr anziehen werdet. Ist nicht das Leben mehr als die Nahrung und der Leib mehr als die Kleidung?

Matthäus 6,25

Gestern einkaufen: Wieder kein Klopapier. Ich war in 3 Geschäften. Nichts. Zum Glück habe ich „vorgesorgt". Im Keller habe ich schon vor einiger Zeit ein extra Zehnerpack Klopapier eingelagert für schlechte Zeiten.

Vorgesorgt: Da steckt genau das Wort drin, worum es in der Videobotschaft heute geht: Sorge. Sie treibt uns um. Warum? Weil sie auf die Zukunft gerichtet ist. Wir haben uns ja schon immer Sorgen gemacht, wie es mit der Welt weitergehen soll. Doch in diesen Wochen ist sie nochmal verstärkt worden.

Jesus sagt nun dazu: Macht euch keine Sorgen! Sorgt euch nicht um euer Leben. Auch nicht um eure Kleidung. Denn Leben ist mehr als Nahrung und Leib mehr als Kleidung.

Dann gibt Jesus ein paar Beispiele: Die Lilien auf dem Feld. Die Vögel im Himmel.

Im Mittelalter gab es Mönche, die diese Aussage versucht haben genau zu befolgen. Sie haben nicht groß vorgesorgt und von dem gelebt, was die Leute ihnen gegeben haben. Das war genug. Ob sie glücklich waren – keine Ahnung. Und heutzutage kann man das auch gar nicht. Stellt euch vor, ein Sportler würde sich nicht mehr auf den Wettkampf vorbereiten und trainieren.

Wie löst man dieses Dilemma? Geholfen hat mir der Satz eines evangelischen Pfarrers. Der wohnt mir gegenüber und wir gehen manchmal zusammen joggen. Er erzählte mir von einer Andacht, die er zum Thema Sorgen hielt. Ein Satz ist hängen geblieben: „Sorge ist ein guter Diener, aber ein schlechter Herrscher.“ Das ist ein abgewandeltes Zitat, dass sich eigentlich auf Geld bezieht. Es trifft aber auch auf Sorge zu. Vorzusorgen ist ganz normal. So machen es z.B. auch die Eichhörnchen im Herbst. Sie sammeln sich Vorräte, damit sie den Winter überleben. Das reicht aus. Mehr tun sie nicht. Alles was darüber hinausgeht, ist nicht nötig. Vorräte zu Hause zu haben, damit man die nächsten Tage versorgt ist – das ist wichtig. Hamstern ist aber nicht nötig. Dann entsteht Schaden. Kann man ja gerade sehen: Eigentlich würden die Lebensmittel für alle reichen. So wie bisher. Es wird ja nicht weniger angeboten als bisher. Bei einigen wird die Sorge aber zum alles bestimmenden Faktor. Dann wirkt sie schädlich. Und das müsste eigentlich nicht sein.

Jesus sagt: Werft all eure Sorgen auf ihn, denn er sorgt für euch. Wir können gar nicht für alle Eventualitäten vorsorgen – und das müssen wir auch nicht. Es reicht aus, an das Heute zu denken. Der Rest steht bei Gott. Nur so werden wir frei, die Dinge zu tun, die uns wichtig sind.

Trost

Der Prophet Jeremia sagte den Israeliten, sie sollten sich einrichten in der Fremde und nicht auf eine baldige Heimkehr hoffen. Die fremden Sterne werden für lange Zeit ihr neues zu Hause sein.

In einem späteren Kapitel verheißt der Prophet Jeremia die Heimkehr in das von Gott geschenkte Land:

Gott spricht: Sie werden weinend kommen, aber ich will sie trösten und leiten.
Jeremia 31,9

Die unfreiwillig in die Fremde geführten Menschen leiden. Ihre Welt liegt in Scherben. Das wird aber nicht so bleiben. Es gibt Hoffnung, dass am Ende alles gut für sie ausgehen wird. Gott selbst eröffnet ihnen eine neue Zukunft, wird sie trösten und leiten.

Das ist ein Bild, das die Jahrhunderte überdauert hat, weil es eine Sehnsucht in uns ausspricht. In diesen Monaten erleben viele Menschen, wie die gesellschaftlichen Umstände ihre wirtschaftliche Existenz bedrohen. Kurzarbeit oder gar Entlassung aus dem sicher geglaubten Arbeitsverhältnis machen Angst und rauben die Zukunftsperspektive. Wir wurden nie gefragt, ob wir dieses Leben wirklich wollen. Wir sind hineingeworfen in diese Welt mit ihren Verheißungen und Härten und in diesen Tagen mögen sich manche die Frage stellen: Haben wir ein Recht auf ein gutes und erfülltes Leben? Mit den Worten des Propheten sagt Gott: Ja! Immer schon war die Hoffnung in uns, es möge eine Stimme geben, die unsere Sehnsucht nach Heil und Frieden beantwortet, und dieser Vers sagt: Es gibt diese Macht über uns, die uns trösten und leiten will. Es gibt diesen Gott, der auf diese unbewusste Frage in uns antwortet: „Ja, ich habe dich gemeint und in dieser Welt gewollt."

Wir sind vielleicht nicht weggeführt worden, unser Leben unter einem fremden Sternenhimmel zu leben. Dennoch fühlt sich das Leben manchmal fremd an wie ein zu enges Kleidungsstück. Der Glaube des Jeremia spricht uns zu, dass es Weite und Fülle für uns gibt. Es reicht aus, den Blick zu heben und wir werden die Güte Gottes sehen. Wir sind von Gott gemeint und gewollt. Als Menschen, die entstanden sind als Antwort auf die Sehnsucht Gottes selbst nach Subjekten, die er lieben könnte. Ein wunderbarer Gedanke: Heben wir den Blick, leuchtet Gottes Antlitz über uns auf.

Wachet

Jesus Christus spricht: Wachet!

Markus 13,37

Unglücklicherweise ist die religiöse Sprache voller Missverständnisse. Sie meint es anders, als es klingt. Hört man diesen Vers wie man ihn in der Alltagssprache verwendet, muss man sich gegen seinen Inhalt geradezu verwahren: „Seid wachsam!“ Als ob wir uns nicht schon genug auf unseren Alltag konzentrieren müssten mit all seinen Anforderungen. Um die tägliche Flut aus Anfragen, Aufträgen und Terminen zu bewältigen, müssen wir wacher sein als je zuvor. Selbst in unserer Freizeit kommen wir kaum noch zur Ruhe. Ob im Supermarkt bei der Auswahl der Produkte oder im Urlaub bei der Wahl der Freizeitaktivitäten. Als ob nicht Schlaflosigkeit und seelische Erschöpfung eines der Hauptkrankheiten unserer Zeit wären. Und jetzt fügt Jesus noch eine weitere Verantwortung hinzu: „Wachsamkeit.“

Paradoxerweise meint Jesus mit dieser eigenartigen Forderung uns in diesem Getriebe, das kaum noch Entspannung und Ruhe kennt. Denn dieses Gehetze und Gejage ist eine gute Ablenkung von Problemen. Man muss sich nicht mit den tieferliegenden Dingen des Lebens beschäftigen.

So lenken sich manche Ehemänner ab, wenn sie ihr Büro erst spät abends verlassen und am nächsten Morgen wieder die ersten sind, um ja nicht sehen zu müssen, wie wenig sie mit ihren Ehefrauen noch zu gemeinsam haben. Manche Shoppingtour dient der Ablenkung von der inneren Leere, die man vor sich selbst nicht zugeben will. Um diesen Zustand zu ändern, darf man nicht länger die Augen verschließen. Man muss wach werden.

So muss es gemeint sein, wenn Jesus in dieser letzten großen Rede des Markus-Evangeliums sagt: „Wacht auf." Lauft nicht länger an euch selbst vorbei und an der Wirklichkeit in ihrer unmenschlichen Härte. Macht euch nicht länger zu Sklaven der Erwartungen und Ansprüche anderer. Macht die Augen auf und nehmt Stellung zu dem, was und wer ihr seid. Findet den Lebensinhalt, der unverwechselbar euch gehört und zu dem ihr sagen könnt: Das bin ich! Dazu hat Gott mich in diese Welt hineingestellt.

Wach werden heißt auch, sein scheinbar kleines Leben von Gottes Ewigkeit her zu begreifen. Wir haben eine Vergangenheit, eine Gegenwart und eine Zukunft. Wir könnten unser Dasein in dem Bewusstsein leben, dass alle Fehler unserer Vergangenheit eingebettet sind in die Gnade seiner Vergebung. Unsere Gegenwart kennt allein die Forderung, so zu leben, wie Er uns gewollt hat und was wir als richtig schon lange in uns spüren. Unsere Zukunft mit all ihren möglichen Enttäuschungen und Ängsten ist eingebettet in sein Ja zu uns. Wenn es uns gelingt, so zu leben, sind wir wach.

Schaden

Einmal nicht aufgepasst, ein Knall, ein heftiger Schlag – und schon ist der Autounfall passiert. Das Auto Schrott, die Insassen nicht. Noch einmal Glück gehabt. Es hätte auch anders ausgehen können. Man wird ganz nahe herangeführt an die Frage, was für unser Leben wichtig ist. Genau diese Frage stellt Jesus:

Was hülfe es dem Menschen, wenn er die ganze Welt gewönne und nähme doch Schaden an seiner Seele?
Matthäus 16,26

In dieser Frage stecken gleich drei Konjunktive. Das ist die Möglichkeitsform. Es ist möglich, die ganze Welt zu gewinnen. Es ist aber auch möglich, dabei Schaden zu nehmen und was bringt der Gewinn dann ein?

Die Welt steht hier für das Äußerliche und Anfassbare. Der Gewinn, die Karriere, die Zustimmung anderer Menschen. Unsere Gesellschaft verspricht Erfüllung und Lebensglück, wenn man danach strebt. Sie gibt sogar eine Hilfe, wie man das messen kann. Mit Geld. Je mehr Geld, desto glücklicher. Alles ist käuflich, sogar Länder. Der US-Präsident wollte von Dänemark wissen, wie viel Grönland kostet.

Alles hat heute einen Preis. Aber welchen Wert hat es? Wenn das Äußerliche das vollendete Lebensglück verspricht, wie sieht es mit dem Inneren aus? Wird alles veräußerlicht, verliert es seine Bestimmung und bleibt leer.

Es gibt Leute, die sich eine Eigentumswohnung in der Innenstadt von Frankfurt als Geldanlage kaufen. Sie haben nicht vor, da einzuziehen. Die Wohnung bleibt leer und ohne Leben, wofür sie eigentlich gedacht ist.

Es gibt Leute, die kaufen Kunst, um sie einzulagern in der Hoffnung, dass der Preis steigt. Das Kunstwerk bleibt unbeachtet und unbetrachtet, wofür es eigentlich gedacht ist.

Ähnlich geht es vielen Menschen. Sie können ihrer Bestimmung nicht folgen, weil sie gemäß den Vorgaben der Gesellschaft alle Kraft auf das Äußerliche verwenden. Manche aus Zwang, weil sie sich das Leben schlicht nicht leisten können.

Die Frage von Jesus stellt uns in Frage: Wofür leben wir? Wovon leben wir? Jesus würde antworten: Vom Vertrauen darauf, dass wir liebende und geliebte Menschen sind.

Heute könnte eine Antwort lauten: Unsere Seele lebt davon, dass wir den Dingen keine Preise mehr anheften. Geben wir ihnen ihren Wert zurück. So gewinnen sie wieder Tiefe und Bedeutung und wir lernen hinter das Äußere, also hinter die

Kulissen zu schauen. Das könnte ein viel größerer Gewinn sein als alles Geld der Welt.

Sehnsucht

Und ich sah die heilige Stadt, das neue Jerusalem, von Gott aus dem Himmel herabkommen, bereitet wie eine geschmückte Braut für ihren Mann.
Offenbarung 21,2

Dieser Vers ist ein Sehnsuchtsbild, das die meisten Menschen in sich tragen. Ein Ort der Harmonie, dem das Chaos des Alltags nichts anhaben kann und die Konflikte sich auflösen in inneren und äußeren Frieden. Ein heiliger Ort, der plötzlich erscheint aus einer überirdischen Sphäre und herabkommt in unsere Wirklichkeit.

Diese Sehnsucht versuchen sich manche zu schaffen, indem sie nach dem Prinzip: „My home is my castle" ein heimatliches Refugium aufbauen. Ein schönes Eigenheim mit wohl gepflegtem Vorgarten. Eine Insel der Ruhe und Sicherheit inmitten einer Welt voller Chaos und Unsicherheit. Leider kann man nur solange in Frieden leben, wie es dem bösen Nachbarn gefällt, und man die Kreditraten bei der Bank abzahlen kann.

Genau das will die Offenbarung des Johannes deutlich machen: Immer wieder treten wir ein in den Kreislauf des Leids, der Gewalt und Not. Der Glaube bietet einen Ausweg.

Will man die Offenbarung allein historisch verstehen als Chronik kommender Ereignisse, bleibt sie ein Buch mit sieben Siegeln. Soll man sich fürchten vor den apokalyptischen Reitern und freuen, wenn man das Glück hat, zu den wenigen Auserwählten zu gehören, die überleben werden? Verständlicher werden die Bilder, wenn man sie mit dem eigenen Leben verbindet, mit der eigenen Seele. Da gibt es die innere Stimme, die mit Macht gebietet, obwohl man doch etwas ganz anderes will. Man weiß nicht mehr, was richtig ist und was falsch. Die eigene Seele erscheint einem zerrissen und das Leben ständig bedroht, wie die Bilder, die uns in der Offenbarung vor Augen gemalt werden. Wer mag schon sagen, dass der innere Zustand weniger schlimm sein kann, als alle äußerlichen Katastrophen?

Vielleicht ist das gemeint, wenn das Lamm Gottes, der Löwe Judas dieses Buch als Einziger aufschließen kann. Genau das hat Jesus von Nazareth immer wieder getan. Da kann ein Mensch seinen Weg und eine Zukunft für sein Leben wieder sehen, als er berührt wurde von seinen heilenden Händen. Ein wahrhaft zerrissener Mensch, der in seiner Wut, Ohnmacht und Verzweiflung sogar die von wohl meinenden Menschen angelegten Fesseln zerreißt, findet unter den wohl tuenden Worten des Einen wieder zu sich selbst zurück.

Ist das nicht die Sehnsucht, die wir alle teilen, die Hoffnung unseres Glaubens? dass die Zerrissenheit, das Chaos und das Leid – innerlich wie äußerlich endlich ein Ende findet?

Sie findet ein Ende. So lautet die Botschaft dieses Verses. Und das ist die Botschaft des Evangeliums. Es gibt diesen heiligen Ort, an dem wir zur Ruhe kommen und endlich Frieden finden. Jesus von Nazareth hat uns den Weg dorthin gezeigt. Und dieser Vers tut es auch.

Alles egal?

Die Wohnung zu putzen ist frustrierend. Die Böden sind gewischt, die Spiegel von den Abdrücken der Finger befreit. (Wie kämmen sich manche die Haare, frage ich mich, dass da regelmäßig Fettflecke auf dem Spiegel landen?) Während ich noch die Armatur des Waschbeckens blank putze, denke ich bereits an nächste Woche. Da beginnt das Ritual von vorne. Wozu eigentlich putzen, wenn sowieso wieder alles dreckig wird?

Im größeren Maßstab macht sich der Autor des Buches Prediger die gleichen Gedanken: Welchen Sinn und welches Ziel hat unser Leben? Natürlich hat alles seine Zeit. Säen hat seine Zeit genauso wie das Ernten. Das ist bekannt. So bekannt, dass es immer wieder in Andachten positiv aufgegriffen wird. Die Frage bleibt aber bei allem, was regelmäßig wiederkehrt: Wozu müht sich der Mensch ab im Leben (3,10)? Soll es so sein, wie Epikur, ein griechischer Philosoph des 3. Jh. v. Chr. empfiehlt? Mach dir das Leben schön und genieße es. Tu worauf du Lust hast und vermeide alle Schwierigkeiten. Setze dich in deinen schönen Garten und vergiss, was dahinter passiert. Warum soll man sich vergeblich abmühen? Im Sinne Epikurs wäre auch das Putzen vergebliche

Mühe: Die Böden werden wieder dreckig, die Spiegel fettig, die Waschbecken fleckig.

Dann hat der Prediger einen neuen Gedanken. Der lautet so:

Er hat alles schön gemacht zu seiner Zeit, auch hat er die Ewigkeit in ihr Herz gelegt; nur dass der Mensch nicht ergründen kann das Werk, das Gott tut, weder Anfang noch Ende.
Prediger 3, 11

Neben der Vergänglichkeit, die alle Mühe vergeblich erscheinen lässt, gibt es die Ewigkeit Gottes. Natürlich kann der Mensch sie nicht ergründen, aber er ist von ihr berührt. Ein Hauch dessen was bleibt, wohnt in seinem Herzen. Das Herz ist der Wohnort, nicht das Gehirn oder die Hände oder der Magen. Das Bleibende ist kein brillanter Gedanke, überragende Tat oder besonders leckeres Mittagessen. Es ist das, was Gefühl, Verstand und Seele zusammenbringt. Was uns zusammenbringt.

In unseren Herzen werden wir gestreift vom Hauch dessen, den wir den Ewigen nennen. Er kommt uns nahe und unsere Herzen sind es, die sich wie ein Reflex nach mehr sehnen. Mehr göttliche Berührung. Mehr göttliche Nähe. Wir können sie nicht ergründen, aber wir können sie einander schenken. Bleibend ist deshalb, wenn wir einander nahekommen.

Mit dem Herzen sehen wir manche Dinge klarer, als mit dem Verstand. Gott, der uns seine Nähe schenkt und zusagt: Du bist gewollt in dieser Welt, weil ich dich gewollt habe. Dieses Wohlwollen Gottes einander zu glauben und zu zeigen wünsche ich uns.

Defekt

Wir hatten mal einen Brotbackautomaten, der aussah wie neu. Trotzdem war er zu nichts mehr zu gebrauchen. Die Elektronik war hinüber. Einmal hat es kurz geknackt, dann war er hin. Mit einem letzten erstickten Beep ging die LCD-Anzeige aus. Für immer. Von einem Moment zum anderen wurde aus einem wertvollen Gerät Elektroschrott – oder doch nicht? Ich könnte es aufschrauben und reinschauen. Vielleicht lohnt sich eine Reparatur, auch wenn unsere Gesellschaft für Neukauf plädiert.

Wir sind zwar keine defekte Brotbackautomaten, aber Ähnlichkeiten gibt es trotzdem. Wenn sich zwei Menschen zu einem Date verabreden, zeigen sie sich von der besten Seite. Sie sehen aus „wie neu". Im Laufe der Zeit zeigen sich erst die Macken und Kratzer, die unansehnlichen Stellen, die man anfangs versteckt hat. Der Buchautor John Ortberg hat dazu einmal gesagt: „Jeder ist normal, bis du ihn kennenlernst."

Dann gibt es Streit und es kann passieren, dass man vor dem gleichen Problem steht, wie bei dem defekten Brotbackautomaten: Reparatur oder Neukauf? Unsere Gesellschaft plädiert für den leichteren Weg: Das Alte entsorgen und mit etwas Neuem frisch durchstarten.

Gott hat sich anders entschieden, findet der Prophet Jesaja. Er schreibt:

Das geknickte Rohr wird er nicht zerbrechen, und den glimmenden Docht wird er nicht auslöschen. In Treue trägt er das Recht hinaus. Er selbst wird nicht verlöschen und nicht zerbrechen, bis er auf Erden das Recht aufrichte.
Jesaja 42, 3-4

Diese Verse könnte man in unserem Bild bleibend so übersetzen: Gott hat sich dafür entschieden, den Brotbackautomaten nicht zu entsorgen. Er behält ihn trotz Defekt. Er setzt sogar alles daran, dass er repariert wird und seine Aufgabe erfüllen kann. Das geknickte Rohr ist der Zollstock des Altertums, der zerbrochen zu nichts mehr taugt. Gott wirft ihn trotzdem nicht weg. Der glimmende Docht ist wie ein hoffnungsloser Fall. Gott gibt ihn trotzdem nicht auf.

Das könnte eine Motivationshilfe für uns sein: Wie gehen wir miteinander um? Geben wir Menschen Hoffnung oder geben wir sie verloren? Ich wünsche mir ersteres.

Brummkreisel

Archäologische Funde haben bestätigt: Der Brummkreisel ist eines der ältesten Kinderspielzeuge der Welt. Lässt man ihn um seine Achse rotieren, bleibt er lange stabil ohne umzukippen. Die modernen Brummkreisel aus Blech haben Luftlöcher an der Seite. Wenn man sie schnell genug dreht, fangen sie an Töne von sich zu geben.

Menschen verhalten sich oft wie Brummkreisel: Sie rotieren sehr schnell um die eigene Achse. Das ist der Versuch, Stabilität im Leben zu erreichen. Sie bleiben zwar stabil, kommen aber nicht vom Fleck. Wer nur um sich selbst kreist, kommt nicht voran. Allenfalls kommen schräge Töne heraus.

Menschen sind aber keine Brummkreise. Sie sind nicht dazu gemacht, um sich selbst zu kreisen. Sie bekommen dadurch keine stabile Lage, sondern nur einen Drehwurm. Menschen sind nicht auf sich selbst bezogen. Sie brauchen ein Gegenüber, das ihnen Stabilität verleiht. So sagt es folgender Vers:

Und Gott schuf den Menschen zu seinem Bilde, zum Bilde Gottes schuf er ihn; und schuf sie als Mann und Frau

1Mose 1,27

Der Mensch ist ein Beziehungswesen. Hier wird er beschrieben als Mann und Frau. Er ist beschrieben in seiner Dualität des Männlichen und Weiblichen. Menschsein bedeutet immer auch in Beziehung leben.

Vielleicht denkt der geneigte Leser gerade an die sprichwörtliche Südseeinsel. Ganz allein bei schönem Wetter mit einem Buch und einem erfrischenden Getränk am Strand – das wär's.

Ja das stimmt. Für einen Tag, vielleicht auch für eine Woche. Aber für einen Monat oder ein ganzes Jahr? Das Schicksal eines Robinson Crusoe wünscht sich niemand.

Es hat einen Grund, dass wir so geschaffen sind. Wir kennen das Geheimnis der Liebe. Sie ist uns „von oben" geschenkt. Sie kann sich nur zwischen zwei Menschen ereignen. Man kann es ja mal ausprobieren: Stellen Sie sich vor einen Spiegel und sagen: „Ich liebe dich!" Na? Passiert etwas? Wahrscheinlich nicht. Diese Worte muss Ihnen jemand anders zusprechen, damit sie etwas auslösen.

Die Liebe macht den großen Unterschied. Sie bewirkt, dass uns ein Mensch nicht egal ist, dass wir alles für ihn tun würden.

Wie sehr muss Gott uns Menschen lieben, dass er alles für uns tut? Der Mann aus Nazareth hat an diese Liebe Gottes geglaubt. So sehr, dass er selbst den Tod für erträglicher hielt, als diese Beziehung zu Gott als seinem Vater aufzugeben.

Wir sind eben keine Brummkreisel. Wir brauchen einander, damit wir leben können.

Woher und wohin

Die große Frage treibt uns alle um: Warum sind wir hier auf dieser Welt? Wozu gibt es uns?

Viele suchen Antworten in den wissenschaftlichen Disziplinen, die sich mit dem Menschen befassen: Soziologie, Psychologie, Biologie. Die können aber gar keine Antwort auf diese sehr grundlegende Frage nach dem Woher und Wohin geben. Sie können nur den Ist-Zustand analysieren. Das Ergebnis der Biologie: Der Zufall der Evolution hat uns hervorgebracht. Das ist ein Ergebnis, aber keine Antwort.

Eine Antwort gibt folgender Vers:

Ich danke dir dafür, dass ich wunderbar gemacht bin; wunderbar sind deine Werke; das erkennt meine Seele.
Psalm 139,14

Wir haben unsere Welt in viele verschiedene Bereiche aufgeteilt, die oft nur wenig miteinander zu tun haben. Das ist eine Folge der notwendigen Spezialisierung in Fachgebiete. Niemand kann bei der Fülle an Wissen und der Komplexität unserer Welt den Überblick haben. Ein Ökonom weiß i.d.R. nur sehr wenig über Ökologie und Soziologie. Er trifft seine

Entscheidungen allein aus ökonomischen Gesichtspunkten heraus.

Diese Fragmentierung ist wie ein Dschungel, der uns die Sicht auf das wesentliche versperrt. Eine Schneise in dieses Dickicht schlägt unser Text, der in seiner orientalischen Weise zusammen sieht, was wir trennen.

Der gesamte Psalm 139 und speziell unser Vers sagen: Die Natur und in ihr der Mensch sind zum Staunen. Sie sind wie eine seltene Blume am Straßenrand so außergewöhnlich, dass man stehenbleibt und sie bewundernd anschaut. Ohne den staunenden Betrachter am Straßenrand, wäre alle Schönheit und Pracht vergeblich. Man könnte sogar sagen: Ohne das Staunen und die bewusste Hinwendung existiert ihre Schönheit nicht.

So ist es auch mit uns Menschen. Ohne jemanden, der die Schönheit in uns sieht und sie wertschätzt, bleiben wir so bedeutungslos wie ein salziger Tropfen unter Milliarden im Ozean dieser Welt. Wenn wir jemanden lieben, gewinnt er für uns einen Wert, den man nicht mit Geld beziffern kann. Liebt uns jemand, entsteht das Unverwechselbare und das Staunen bei ihm. Gäbe es uns nicht – wir würden einander fehlen.

Hier ist auch die Antwort nach dem Warum und Wozu: Wir sind hier, um miteinander zu staunen über die

Unverwechselbarkeit des anderen. Um einander zu sagen, wie wunderbar wir gemacht sind.

Aus diesem Grund glauben wir an Gott, die Liebe selbst, bedingungslos und ohne Einschränkungen. Unser Text hat ihn als Adressaten, der über das staunt, was da ist. Sein Blick allein macht aus den Milliarden Tropfen im Ozean Menschen, wertvoll, großartig, einzigartig. Würde es unsere Seele, also die Tiefe unseres Selbst es doch erkennen.

Baue einen Tempel

Salomo ist verzweifelt. Er braucht Zuspruch. Der kommt von unerwarteter Seite, nämlich von seinem Vater:

Sei getrost und unverzagt, fürchte dich nicht und lass dich nicht erschrecken!
1. Chronik 22,13

Was ist geschehen?
David ist alt geworden. Er wollte den Tempel für den unsichtbaren Gott Jahwe bauen, aber nun muss er diese Aufgabe seinem Sohn übertragen. Baue den Tempel. Aber Salomo kommen Zweifel. Bei großen Aufgaben ist das so. Da fragt man sich selbst: Wie soll ich das schaffen? Was, wenn ich einen Fehler mache? Was, wenn ich versage?
David kennt das Gefühl. Er hat vorgesorgt – im wahrsten Sinne des Wortes. Jede Menge Material liegt im Vorgarten: Gold, Silber, Eisen, Holz. Alles, was man für einen Tempel so braucht. Salomo muss nicht bei Null anfangen. Und dann folgt dieser Ausspruch. Ein Zuspruch, der nach 3000 Jahren seine Wirkung nicht verloren hat. Er steht dafür, etwas zu wagen und Neues auszuprobieren, selbst mit dem Risiko zu scheitern.

Wir sind genauso wenig wie Salomo allein. Gott ist immer dabei und lässt uns nicht im Stich.
Baue den Tempel! So hat David zu Salomo gesagt – und er hat es getan. Die Vorbereitung durch seinen Vater haben sicher geholfen.
Baue den Tempel! Das ruft dieser Vers über den Abgrund der Geschichte auch uns zu. Sei unverzagt, fürchte dich nicht und begib dich auf den Weg. Trau dich, den ersten Schritt zu machen. Gott hat alle Materialien, die du dazu brauchst schon bereitgelegt.

Heute ein König

Es ist aufregend, sein eigenes Foto in der Zeitung zu sehen und sich vorzustellen, wie der eigene Artikel hundertfach gelesen wird. Einmal berühmt. Heute gesehen werden. Heute ein König!

Problematisch wird es, wenn der Selbstwert davon abhängt. Der Ehrgeiz nach Anerkennung treibt unbarmherzig voran. Reicht meine Leistung wirklich aus? Was bleibt von mir übrig, wenn ich nicht mehr bin? Wer wird sich an mich erinnern? Viele Menschen ängstigt nichts so sehr wie der Gedanke, irgendwann vergessen zu werden und sie setzen alles daran, dass das nicht passiert. Sie dürfen sich von Paulus zusprechen lassen:

Durch Gottes Gnade bin ich, was ich bin.

1. Korintherbrief 15,10

Nicht unsere Leistung macht uns zu dem, wer wir sind, sondern unsere Beziehung zu Gott. Einmal ein König? Der christliche Glaube sagt, wir sind Königskinder. Gott hat uns wie Kinder angenommen. Nichts kann uns aus seinen Armen reißen, nicht einmal der Tod.

Als unsere erste Tochter noch nicht geboren war, nahmen meine Frau und ich an einem Geburtsvorbereitungskurs teil. In der letzten Einheit spielte uns die Hebamme ein christliches Lied vor. Es fasste in Worte, was wir beide fühlten. Unser Kind war noch nicht geboren, aber wir liebten es bereits. Wir wussten nicht, wie es aussehen oder ob es womöglich ein anstrengendes Schreikind sein würde. Trotzdem hatten wir es bereits in unser Herz geschlossen. Obwohl es noch nichts geleistet hat, hatte es einen unschätzbaren Wert für uns.

So ist es mit jedem Menschen in den Augen Gottes: Er hat einen Wert, den man nicht in Geldscheinen beziffern oder am Bekanntheitsgrad festmachen kann. Wir sind Kinder des Allerhöchsten. Das macht unser Leben wertvoller als alles, was wir zu leisten im Stande sind.

Suchen und finden

Da gibt es diesen Mann. Er ist bestimmt schon 70, seine Haut sonnengebräunt. Die Sachen, die er anhat, haben schon bessere Tage gesehen. Er hat ein ganz besonderes Hobby: Geldbörsen sammeln. Er sammelt sie, um sie ihren Besitzern wiederzugeben. Dichte Hecken, Büsche, Zäune, hohe Mauern – nichts hält ihn ab, wenn er eine Geldbörse erspäht hat. An Bächen und manchmal sogar darinnen findet er sie. Seine Frau sagt: Seine Kleidung wird natürlich nicht besser, wenn er wieder durch unwegsames Gelände steigt. Aber das ist nicht so wichtig. Wichtiger ist: Er weiß, wo er gucken muß, geht mit offenen Augen durch die Welt. Er weiß, wo Diebe die gestohlenen Geldbörsen gern entsorgen. Und er hat bereits hunderte davon gefunden und ihren Besitzern zurückgebracht. Wenn er einen Finderlohn bekommt, dann kauft er davon Briefmarken, um wiedergefundene Geldbörsen an ihre Besitzer zurückzuschicken oder er spendet das Geld.

Warum tut er das? „Weil die Menschen so glücklich und dankbar sind, wenn ich ihnen das Verlorene zurückgebe.“, sagt er lächelnd. Das erinnert mich an einen Ausspruch des Propheten Jeremia:

Wenn ihr mich von ganzem Herzen suchen werdet, so will ich mich von euch finden lassen.

Jeremia 29,13.14

Dieser Satz gilt uns. Wir suchen sehr hartnäckig, wenn uns etwas wichtig ist. Die tolle Jacke, die uns auf Anhieb gefallen hat. Das beste Angebot im Internet, bei dem wir noch ein paar Euro sparen können. Dabei laufen wir Gefahr, diese Dinge zu wichtig zu nehmen. Manchmal nehmen sie uns sogar gefangen und aus eigener Kraft kommen wir nicht mehr davon los. Deshalb ist Jesus durch Galiläa gezogen; um Verlorenes zu suchen und wiederzufinden. Er ging dorthin, wo Menschen ihren Weg, den Sinn ihres Daseins, ihre Seele, ja, sich selbst verloren hatten. Ihnen hat Jesus ihre Würde zurückgegeben. Dabei hat er weder auf seinen Ruf, noch auf seine Kleidung geachtet. Selbst die jüdischen Regeln waren ihm egal. Was für eine Freude muss Jesus empfunden haben, wenn jemand die Freiheit Gottes zum ersten Mal erlebte? Es ist so, als würde die Haustür klingeln und ein alter etwas abgerissen gekleideter Mann steht vor der Tür und hält unsere verloren geglaubte Geldbörse hoch.

Wir können uns freuen. Unsere Suche ist vorbei. Wir haben Gott gefunden.

Fang einfach an!

Die Reichen werden immer reicher, indem sie die Armen ausbeuten. Die Schere zwischen arm und reich klafft immer weiter auseinander und niemand ist da, der etwas dagegen tut. Die Ungerechtigkeit schreit zum Himmel. Aber was tun? Gesellschaftliche Schieflagen sind schwer zu beheben, die Eigendynamik der Ereignisse kaum zu stoppen.

Diese Diagnose klingt modern, ist aber kanpp 2.600 Jahre alt. Der Prophet Jesaja antwortet auf die Probleme erstaunlich pragmatisch:

Lernt, Gutes zu tun! Sorgt für das Recht! Helft den Unterdrückten! Verschafft den Waisen Recht, tretet ein für die Witwen!

Jesaja 1,17

Ein paar simple Aufforderungen reichen schon: Tut Gutes! Sorgt für das Recht! Moral versteht sich von selbst.

Der Prophet sagt: Es ist so einfach. Wir haben ein gutes Gespür für das, was richtig ist und falsch. Wir können zwischen fair und unfair, zwischen gerecht und ungerecht unterscheiden. Wir wissen, wer die Unterdrückten sind und wer die Unterdrücker. Klar, es gibt Grauzonen. Meist ist es aber eindeutig. Heute sind es nicht mehr die sprichwörtlichen

Witwen und Waisen. Es könnten Menschen sein, die vor Krieg und Armut fliehen, vor Gewalt und Hunger. Menschen verlassen selten freiwillig ihre Heimat, die Wurzeln ihres Lebens. Sie tun es, weil sie sich nicht anders zu helfen wissen und dort, wo sie geboren sind, nicht mehr leben können.

Ein paar simple Aufforderungen, die fast unmöglich umzusetzen sind. Man kann nicht allen Flüchtlingen helfen. Das ist ebenfalls wahr.

Soll man deshalb die Hände in den Schoß legen? Der Prophet sagt mit seinem simplen Pragmatismus nein. Fang einfach an! Es muss nicht perfekt sein. Es braucht kein Konzept, keine Strategie, kein Plan für die Welt. Das kommt später. Zunächst braucht es ein liebendes Herz, das sich dem Menschen zuneigt, der Hilfe braucht.

Nicht unerheblich ist der Anfang dieses Satzes: *Lernt* Gutes zu tun! Lernen ist nichts Statisches. Da kommt etwas in Bewegung, verändert sich. Lernen heißt Versuch und Irrtum. Gutes tun muss man einüben. Es ist Erfahrungssache: Im Laufe der Zeit gewinnt man Übung darin, den Unterdrückten *angemessen* zu helfen. Z.B. indem man für sie eintritt, ohne sie zu entmündigen und zurücktritt, wenn sie es für sich selbst können.

Das erinnert an den Pragmatismus Gottes. Jesus hat seine Botschaft in Gleichnissen sehr einfach und verständlich auf den Punkt gebracht. Er speiste mit den Verlorenen, heilte die Kranken und trat für die sog. Sünder ein. Die simple Wahrheit ist, dass vor Gott jeder Mensch ein Recht hat zu leben. Dafür sollten wir sorgen.

Also: Fang einfach an! Dort wo du bist mit dem, was du siehst und soweit du kannst.

Aufatmen

Wüste steht normalerweise für den Tod. Hier gibt es außer Sand und Steinen, Hitze und Kälte nichts anderes. Die Trockenheit macht sie zu einem toten Ort. Da wo kein Wasser ist, gibt es auch kein Leben. Doch der erste Eindruck täuscht:

Die Wüste und Einöde wird frohlocken, und die Steppe wird jubeln und wird blühen wie die Lilien.

Jesaja 35,1

Der Prophet berichtet von dieser kurzen Zeit, wenn der Regen fällt. Dann erwacht die Wüste zum Leben. Das, was so tot aussah, ist es gar nicht. Die Samen im Wüstensand haben nur darauf gewartet, vom Leben spendenden Wasser geweckt zu werden, das von oben kommt. Eine Atempause, bis wieder die Dürre kommt. Denn bald schon wird der heiße Wind aus dem Osten innerhalb weniger Tage alles versengen. So schnell er gekommen, so schnell ist der Zauber wieder verflogen und die Wüste wird wieder zum toten Ort bis zum nächsten Jahr.

Unser Leben kennt einen ähnlichen Lauf: Da gibt es Zeiten, die tot und still wirken. Wir haben das Gefühl zu verdursten. Doch dann kommt der warme Regen von oben und lässt uns aufatmen. Wir blühen auf wie die Lilien auf dem Feld, von denen jede prachtvoller gekleidet ist als Salomo. Aber dann gibt es wieder diese Wüstenzeiten so unvermeidlich wie der Wechsel von Tag und Nacht. Ich möchte diese wenigen Wochen, in denen die Wüste blüht, als Fenster verstehen, durch das wir das Heil Gottes auf uns zukommen sehen. Es ist eine Ahnung auf das, was der Mann aus Nazareth als Himmelreich bezeichnet hat, das im Ankommen ist. Diese Momente lassen uns erahnen, was bei Gott auf uns wartet.

Der Prophet macht uns Hoffnung. Es wird nicht auf ewig wüst und leer bleiben. Es wird eine Zeit geben, in der aus unsichtbarer Quelle Wasser sprudelt und das Leben gedeiht. Nichts wird mehr daran erinnern, wie es früher war. Fröhlichkeit und Jubel wird das Seufzen und Wehklagen ersetzen.

Diese Zeilen sind ungewöhnlich für Jesaja, der sonst eher Gericht und Unheil ankündigt. Sie sind wie eine Oase inmitten der düsteren Zukunftsvisionen, ein kleiner Lichtschein, der die Dunkelheit durchdringt und den Weg weist.

Ja, wir leben in einer Zwischenzeit und sie kennt beides: Höhen und Tiefen, Erfolg und Scheitern und schließlich den Tod. Und doch gibt es eine Wahrheit, die man nur im Glauben erfassen kann: Einmal wird der Herr wiederkommen auf diese alte Erde und unser Leben vollenden. Dann bleibt kein Platz mehr für Trübsal. Dann gibt es nur noch Jubel und Fröhlichkeit.

Ein alter Mann

Ein alter Mann. Er schweigt. Warum? Weil er nicht glauben kann, dass das Leben mehr bietet als Leid und Elend. Er ist kinderlos geblieben. Eine Katastrophe, da doch Kinder das Auskommen im Alter sichern und den Fortbestand der Familie in der Zukunft. Doch nun ist seine Frau doch schwanger geworden. Er konnte es gar nicht glauben, als ihm der Engel das offenbarte: Gott wendet sich ihm nach all den Jahren doch noch zu? Gott meint es doch gut mit ihm? Immer noch schweigt der alte Mann. Er ist sich nicht sicher, obwohl der Bauch seiner alten Frau runder und runder wird.

Dann wird das Kind geboren. Am 8. Tag ist die Beschneidung. Der Junge bekommt den Namen Johannes entgegen allen Traditionen in der Familie. „Gott hat Gnade erwiesen“ bedeutet er. Dieses Kind ist der endgültige Beweis für Zacharias, dass es stimmt: Gott ist für ihn da.

Wenn er länger darüber nachdenkt, war er immer für ihn da. Die Spuren waren da, bisher vor seinen Augen verborgen. Bis jetzt. Denn dieses Kind ist der Beweis: „Gott hat Gnade erwiesen.“

Das öffnet seinen Mund, der fest verschlossen war. Sein Herz fließt über von Dankbarkeit und Freude. Der alte Mann kann gar nicht mehr schweigen. Er muss Gott loben und preisen für dieses Wunder.

Es ist ein langer Lobpreis. Zwei seiner Verse lauten so:

Durch die herzliche Barmherzigkeit unseres Gottes wird uns besuchen das aufgehende Licht aus der Höhe, damit es erscheine denen, die sitzen in Finsternis und Schatten des Todes, und richte unsere Füße auf den Weg des Friedens.
Lukas 1,78-79

Im Advent hören wir die Geschichten, die uns in der Bibel erzählt werden von dem, der uns besuchen kommt und den wir als das aufgehende Licht aus der Höhe erkannt haben. Es sind alte Geschichten, die uns jedes Jahr neu inspirieren.

Geschichten von Hirten, die in der Dunkelheit der Nacht eine fremde Herde bewachen. Zu ihnen, die in Finsternis sitzen, kommt der Chor der Engel, sodass sie aufblicken und aufbrechen um das Wunder zu sehen, das da in ihrer Nähe geschieht.

Diese alte Geschichte kann sich auch in unserem Leben ereignen. Plötzlich besucht uns das aufgehende Licht, die wir in Finsternis sind. Zu Tode betrübte Menschen blicken voll Hoffnung auf. Der Schatten des Todes weicht der Aussicht auf neues Leben. Menschen brechen auf, um aus der Finsternis herauszutreten.

So erging es Zacharias als die herzliche Barmherzigkeit Gottes in sein Leben kam. Er hatte die Hoffnung schon aufgegeben und sich mit seinem Schicksal abgefunden, doch Gott hat eingegriffen. In diesem Jungen gibt es plötzlich Zukunft für den, der nicht mehr damit gerechnet hatte.

So begegnet Gott auch heute noch: Er bahnt einen Pfad durch das undurchdringliche Dickicht unseres Lebens. Er eröffnet Räume, in denen wir leben können - Lebensräume. Es ist wunderbar, wenn Menschen wieder Hoffnung schöpfen und Mut zum Leben haben. Das sind Momente, in denen das Reich Gottes sichtbar wird, von dem der Mann aus Nazareth sagte, es sei nahe herbeigekommen. Wie viel näher könnte Gott uns kommen als in der Gestalt dieses Mannes?

Vielleicht begegnet er uns jetzt, um unsere Füße auf seinen Weg zu stellen. Auf den Weg des Friedens.

Gefährlich

In diesen Tagen sehen wir die gefährliche Seite des Lebens besonders deutlich. Die Nachrichten sind voll von Infektionszahlen, möglichen Überlastungen der Krankenhäuser und Coronatoten. Das kann einen unglücklich machen. Selbst wenn man etwas Schönes erlebt hat, holt einen die Realität wieder ein, wenn man den Fernseher einschaltet. Es stimmt auch: Es lauern überall Gefahren. Unser Leben könnte jederzeit vorbei sein. Nicht nur durch ein kleines unsichtbares Virus, sondern auch durch all die vielen Gefahren, die in den Nachrichten gerade nicht Thema sind.

Das ist aber nicht die ganze Wahrheit. Viel häufiger bleiben wir von einem Unglück verschont, uns der Schicksalsschlag erspart, entkommen wir um Haaresbreite einem Unfall. Wenn wir stärker auf diese Situationen achten, fallen sie uns plötzlich auf und der Vers wird in unserem Leben lebendig:

Von allen Seiten umgibst du mich und hältst deine Hand über mir.

Psalm 139,5

Mit Weihnachten bekommt dieser wunderbare Vers eine ganz neue Bedeutung: Der unsichtbare Gott umgibt uns nicht nur.

Wie das Wort Advent sagt - er kommt an in unserem Leben. Nicht als mächtiger „Herr der Heerscharen", sondern als hilfsbedürftiges Kind, das rundum Pflege braucht. Das Göttliche findet sich nicht in der Stärke. Es findet sich in der Schwäche. Ist es nicht genau das, was wir brauchen? Heilung des Zerbrochenen, Trost im Leid, Hilfe in Not, Stärkung in Zeiten der Schwäche.

Die Adventszeit ist verbunden mit Kerzen und Lichterketten. In dieser dunkelsten Jahreszeit entfalten die Lichter ihre größte Wirkung, ihre erhellende Kraft. Im Sommer kämen sie gar nicht richtig zur Geltung. Die Adventslichter sind ein Symbol für das Wunderbare, das in dieser Nacht passiert. Die Hirten sehen ein Licht, die Sternenforscher einen Stern. Gott offenbart sich nicht in einem König oder Helden, in keinem Präsidenten oder Diktator. Er offenbart sich in einem Baby, das unsere Fürsorge braucht. Es ist das größte Wunder von allen: Gott offenbart sich als der, der uns braucht. Er wäre sich selbst genug, natürlich. Aber er hat sich entschieden, uns zu lieben und auf unsere Antwort der Liebe zu hoffen. Advent stellt die einfache Frage: Werden wir darauf antworten? Dazu braucht es keine Heldentaten, keinen Kraftakt. Es braucht den Glauben an die zerbrechliche Wahrheit, dass Gott sich ins Verletzliche und Schwache hineinbegibt.

Wenn man etwas Gutes in die Adventszeit mitnehmen will, dann dies: Wir sind verletzlich. Unser Leben ist vergänglich. Aber es ist getragen von Gott, der uns von allen Seiten umgibt und seine Hand über uns hält.

Gut

Schon in der Schule sagt man uns: Wir müssen uns verbessern. In der Arbeitswelt auch: Alles lässt sich noch effektiver, noch genauer in noch kürzerer Zeit erledigen. Nicht der Superlativ, sondern der Komparativ macht uns das Leben zu schwer: Selbst der Beste kann sich noch verbessern. Für das neue Jahr wäre ein Vorsatz gut, der auf den Komparativ verzichtet. Das Jahr soll nicht *besser* werden als das letzte, sondern gut. Das reicht völlig aus.

Aber woher soll das Gute kommen? Woher erwarten wir es? Von unserer Familie, von unserem Arbeitgeber, einer Rentenerhöhung, Gemeinde und Pastor? In einem Psalm wird die Frage so beantwortet:

Viele sagen: „Wer wird uns Gutes sehen lassen?“ Herr, lass leuchten über uns das Licht deines Antlitzes!
Psalm 4,7

Das Gute kommt von Gott. Das ist eine gute Antwort. Wenn ich das Wohl und Wehe meines Lebens von anderen abhängig mache, werde ich enttäuscht. Wenn ich mich nur noch auf mich selbst verlasse, bin ich ebenso verlassen. In einem vergänglichen Körper stecken vergängliche Kräfte. Wer meint, über jeden Aspekt seines Lebens die Kontrolle zu haben und für das Gute sorgen zu können, betrügt sich selbst.

Nun ist die Antwort in diesem Psalm nicht so flüssig, wie man sie sich wünscht. Man stolpert über sie wie über einen vorspringenden Pflasterstein. Die Frage: „Wer schenkt uns Gutes?“, fordert eine direkte Antwort. Z.B. „Der Herr!“ Der Psalm antwortet aber indirekt und mit einer Aufforderung: „Herr, lass leuchten dein Antlitz!“ Was soll das?

Um das zu verstehen, müssen wir etwas ausholen: Diese Antwort erinnert an den aaronitische Segen, der oft am Ende des Gottesdienstes zugesprochen wird. Da soll der Herr sein Antlitz über uns leuchten lassen und Frieden geben. In beiden Fällen steht als Vorstellung die antike Familienordnung im Hintergrund. Wenn ein Kind geboren wurde, kam der Herr des Hauses und schaute auf das Neugeborene herab. Das war ein Moment banger Erwartung für das gesamte Haus: Findet das Baby Wohlgefallen oder Missfallen vor seinen Augen? Wird sich sein Gesicht aufhellen oder verdunkeln? In der Sprache der Bibel: Wenn der Hausherr sein Antlitz leuchten lässt, wird das Baby in die Familie aufgenommen.

Jetzt verstehen wir, was der Psalmbeter sagen will: Gott ist der „Hausherr“ der „Menschheitsfamilie“. Wenn er uns mit einem Lächeln begrüßt, haben wir einen Platz in dieser Welt. Dann wird sie hell und wir sind willkommen.

Im Psalm ist es als Aufforderung formuliert, als wäre sich der Beter nicht ganz sicher, wie Gott zu uns steht. Hier sind wir als Christen einen Schritt weiter. Mit Jesus Christus wissen wir, dass Gott unser Vater sein will und uns in Liebe ansieht. Das war seine Botschaft an die Welt: Gott ist unser Vater und wir sind seine Kinder.

Wenn wir nur glauben könnten, dass Gottes Antlitz leuchtet, wenn er uns ansieht. Dann würde die Welt um uns hell. Dann könnten wir glauben, dass Gutes auch im neuen Jahr auf uns wartet.